Deutschlands
Weltkulturerbe

EINE REISE ZU ALLEN UNESCO-STÄTTEN

Deutschlands Weltkulturerbe

Ernst Wrba · Edda und Michael Neumann-Adrian

EINE REISE ZU ALLEN UNESCO-STÄTTEN

BRUCKMANN

Oben: Deutsches Nationaldenkmal: Die Wartburg. Mitte: Der riesige Barbarossaleuchter im Aachener Dom symbolisiert Siegeskrone und Lichterstadt des himmlischen Jerusalem. Unten: Abt Walahfried Strabo verfasste die erste Schrift über den Gartenbau auf der Insel Reichenau.

Inhaltsverzeichnis

Inhaltsverzeichnis

Oben: Musterbau einer geometrisch,
harmonisch klar gegliederten Architektur:
Das Kornhaus in Dessau. Mitte: Museum
von Weltrang: das Pergamonmuseum in
Berlin. Unten: Altstadtromantik: ein lauer
Sommerabend in Bamberg.

Oben: Eine der wichtigsten chinoisen Architekturen Europas: Schloss Pillnitz. Mitte: Märchenhaft mutet das chinesische Teehaus im Park von Sanssouci an. Unten: Das prachtvolle Foyer der Semperoper. Rechte Seite: Dresdens Highlights: Brühlsche Terrasse, Kunstakademie und die Frauenkirche.

Alle haben geerbt

Unter den reichsten Erben: Deutschland

Jahr um Jahr ist sie gewachsen, die Zahl der deutschen Welterbe-Stätten. Und wenn es nach der Zahl geht, sind die Deutschen mit 32 Stätten zusammen mit Italien (41), Spanien (39) und Frankreich (30) in der Spitzengruppe der UNESCO-Liste. Jeder darf sich glücklich schätzen, in einem Land zu leben mit so viel Domen und Schlössern, Parks und liebenswerten Altstädten, dazu noch mit historisch wertvollen Industriemonumenten, mit denkmalgeschützten Fördertürmen und Hochöfen. Aber halt! Was heißt eigentlich, genau besehen, Welterbe?

Der Platz in der Liste des Weltkulturerbes ist kein Michelin-Stern, wie sich ihn der Meisterkoch oder der Restaurantchef an die Mütze heftet. Vielmehr bedeutet »Welterbe« – so beschrieb es Dieter Offenhäußer, Vizechef der deutschen UNESCO-Kommission –, dass man »das Monument der ganzen Menschheit schenkt« mit der Verpflichtung, es für diese zu erhalten. Das »Schenken« ist die ideelle Seite des Welterbe-Status. Doch respektieren die Regeln der UNESCO-Welterbe-Konvention das Eigentumsrecht, füllen es aber mit Verantwortung auf, noch stärker verpflichtend als viele Denkmalschutzgesetze.

Alle Staaten, die sich zur Unterschrift unter die »UNESCO-Konvention zum Schutze des Kultur- und Naturerbes der Welt« bereit finden – Ende 2006 waren es bereits 182 – sind überdies gehalten,

in den UNESCO-Fonds für den Schutz des Welterbes einzuzahlen. Diese Zahlungsverpflichtung ist auf maximal ein Prozent jener Summe limitiert, die jeder Staat als Mitgliedsbeitrag der UNESCO überweist.

Nur können ärmere Länder die zum Erhalt ihres Kultur- und Naturerbes notwendigen Maßnahmen nicht aufbringen. Wenn diese Länder abseits der großen Verkehrswege liegen, vielleicht in einem Krisengebiet wie Afghanistan, geht die Rechnung mit Einnahmen aus dem Tourismus nicht auf. Darum sind die reicheren Welterbe-Staaten aufgefordert zu solidarischer Hilfe. Der Hilfsbedarf ist enorm und die Hoffnung der Armen baut auf zusätzliche Spenden – für ihr Welterbe wie bei anderer Bedürftigkeit. Helfen kann jeder, der die Mittel dazu hat. Zum Beispiel beim genannten Welterbe-Fonds der Deutschen UNESCO

Oben: Ein römisches Fußbodenmosaik im Rheinischen Landesmuseum in Trier. Mitte: Das imposante Gewölbe der Liebfrauenkirche in Trier. Unten: Lebendige Klostertradition: Restaurant im Gesindehaus des Klosters Maulbronn. Rechts oben: Rekonstruiertes römisches Kastell in Weißenburg.

-Kommission oder bei der »Deutschen Stiftung Welterbe«, gegründet von den Welterbe-Ostseestädten Stralsund und Wismar.

Der Status »Welterbe« ist trotz dieser Verpflichtungen hoch begehrt. Ökonomisch vor allem darum, weil er der Stadt oder Region eines »Welterbe-Monuments« zumeist abertausend touristische Besucher beschert, zusätzlich zu denen, die ohnehin schon vom historischen Gehalt und Kunstrang solcher Plätze angezogen wurden.

Vorgeschichte: Ein Bischof und ein Staudamm

Historiker haben herausgefunden, wer zuerst das Wort »kulturelles Erbe« aufbrachte. Ein Mann der französischen Aufklärung war es, Henri-Baptiste Grégoire (1750–1831), Bischof von Blois an der Loire, ein Kopf voller Reformideen,

einer, der zu der Erklärung der Menschenrechte auch die Menschenpflichten stellen wollte. Heute spürt jeder, wie sich das Tempo zivilisatorischer Umbrüche immer weiter steigert. Umso mehr besteht Anlass, die Erbe-Werte nicht dem Verfall und Abriss zu überlassen – wo immer Bauwerke und Kunstwerke die architektonische und künstlerische Kraft einer Epoche, ihren Stil und geistigen Gehalt so authentisch überliefern, dass sie als Maßstab fürs Gegenwärtige nutzbar sind.

Oder wo die Lebenswelt von Personen erhalten ist, die Geschichte machten – wie der Thron Karls des Großen im Aachener Münster oder das sehr schlichte Burggelass, in dem Martin Luther das Neue Testament ins Deutsche übersetzte. Oder wo die Industriearchitektur früherer Generationen anschaulich macht, wie ideenreich, aber auch wie lang und hart der Weg war, der zur automatisierten Technik unserer Gegenwart führte.

Gefährdet ist dieses Erbe allerorten, in reichen wie in armen Ländern. Auch wenn es, weil unter Denkmalschutz gestellt, der Abrissbirne nicht ausgeliefert ist. Ob saurer Regen den Stein gotischer Kirchen zerstört oder der neueste Supermarkt die gewachsene Struktur einer Altstadt nachhaltig verändert – gegen solche Zerstörungsrisiken kann man Kulturschätze verteidigen. Wenig Hoffnung bleibt, wo hochgerüstete Staaten Krieg führen und die Zertrümmerung von Unersetzlichem dabei als »Kollateralschaden« abtun. Dies gehört zu den Monstrositäten des 21. Jahrhunderts. Die Täterstaaten agieren unbeeindruckt von gemeinsam beschlossenen UNO- und UNESCO-Konventionen.

In dieser Haager »Konvention zum Schutz von Kulturgut bei bewaffneten Konflikten« vom 14. Mai 1954 formulierte die UNESCO erstmals: »Schaden an kulturellem Eigentum, wem es auch gehören mag, bedeutet Schaden am Kulturerbe der Menschheit.« Wenige Jahre später, als Ägypten mit dem Assuan-Damm das Nilwasser aufstaute und den Felsentempeln des Pharaos Ramses II. die Überflutung drohte, rief die UNESCO zu weltweiter Hilfe auf. Die kam – und die Tempel konnten an einen trockenen Ort versetzt werden. Es war eine der ersten international organisierten und finanzierten Rettungstaten für die steinernen Zeugnisse einer alten Hochkultur. Und zwar ohne dass die geretteten Schätze sogleich ins Ausland abtransportiert wurden, wie es jahrhundertelang die Archäologen der westlichen Welt mit ihren besten Funden praktizierten.

1972: Die Welterbe-Konvention

Die wenigsten wissen noch: Damals im Jahr 1972, als endlich nach zahllosen Beratungsrunden die Welterbe-Konvention der UNESCO beschlossen wurde, war die Bundesrepublik Deutschland noch nicht einmal Mitglied der Vereinten Nationen; sie ist es erst seit 1973. Von der UNESCO war der westdeutsche Staat dagegen bereits 1951 aufgenommen worden (die DDR erst 21 Jahre später).

Groß ist die Spannweite der Erbe-Werte! Unter den »Schutz des Kultur- und Naturerbes von außergewöhnlichem universellem Wert« stellt die Welterbe-Konvention Denkmäler, Ensembles und Stätten, zum Beispiel Parks und Gärten, aber auch archäologische Gelände, wie zum Beispiel den Limes sowie Naturgebilde, Lebensräume bedrohter Pflanzen und Tierarten, Naturgebiete von außergewöhnlicher Schönheit oder von wissenschaftlichem Wert, so auch das bisher einzige deutsche Natur-Welterbe, die Grube Messel bei Darmstadt mit ihrem enormen Schatz der viele Millionen Jahre alten Fossilien.

Nicht gerade leicht ist das Unterfangen, einem Monument, einer Altstadt, einem Park zum Welterbe-Status zu verhelfen! In Deutschland stehen nach Föderalismus-Art die Bundesländer in der Verantwortung, sie haben jeweils einen Delegierten als ihren Vertreter beim Welterbe-Komitee der UNESCO. Die Kultusministerkonferenz bearbeitet Aufnahmeanträge, das Auswärtige Amt koordiniert sie.

Oben: In der Völklinger Hütte hat sich in den letzten Jahren ein reges kulturelles Leben entwickelt. Mitte: Wer einmal Schlemmen möchte wie die Römer, ist in der Taverne der Villa Borg gut aufgehoben. Unten: Bühne, Kontrastbild und Schauplatz: die Völklinger Hütte.

Neben diesem staatlichen Verantwortungsmix kann der deutsche Hauptakteur in Sachen Welterbe nicht übersehen werden: der »UNESCO-Welterbestätten Deutschland e.V.« mit Sitz in Quedlinburg. Zu diesem Verein schlossen sich die deutschen Welterbestätten 2001 mit der Deutschen Stiftung Denkmalschutz und touristischen Organisationen zusammen – mit dem Hauptziel, einen »behutsamen, hoch qualifizierten, denkmalverträglichen Tourismus« zu fördern. Es geht dabei um eine »hochwertige Produktidee«, um Geld und Gewinn und zugleich um den Kern möglicher Welterbe-Wirkung, um das neue existenzielle Bewusstsein der Menschheit.

Es geht um ihre Religionen, Lebensräume, Gesellschaftsformen, ihre Werte und Künste, die in all ihrer Vielfalt doch rund um die Erde von ähnlichen Grundanlagen und Grunderwartungen geprägt sind. Die Globalisierung der Wirtschaft ist hochtourig im Gang. Dagegen ist eine Globalisierung des Welterbes von Kultur und Natur überfällig, aber nicht als Unterwerfung unter den *way of life* der wirtschaftlich Mächtigen, sondern als wachsendes Verstehen und gegenseitiges Anerkennen des scheinbar Fremden, als immer neu erlebte Gemeinsamkeit eines vielfarbigen Reichtums.

Welterbe auf Roter Liste

Nicht zu vergessen: Man erbt ja nicht nur Kultur, es gibt auch den Weltkulturhandel – dieser Geschäftszweig hat allein in den letzten zwei Jahrzehnten des 20. Jahrhunderts einen rasanten Umsatzanstieg erfahren: von 95 Milliarden Dollar auf 400 Milliarden. Handelsgüter sind Literatur, Musik, Film, Fotografie und Medienprogramme inklusive Sport. 1990 standen die USA, Großbritannien und Deutschland an der Spitze. Bereits 1998 war China auf den dritten Platz vorgerückt.

Oben: Die Hochschule für Musik in Weimar. Mitte: Löwen, Stiere und Drachen zieren das Ischtar-Tor im Pergamonmuseum. Unten: Eine große Sammlung klassizistischer Skulpturen beherbergt die Alte Nationalgalerie in Berlin. Rechts unten: Mausoleum im Park Georgium in Wörlitz. Rechte Seite: Romanische Säulenbasis in der Wartburg.

Oben: Wer kennt ihn nicht, den Fürstenzug in Dresden? Mitte: Kunstvoller Deckenschlussstein im Kapitelsaal des Klosters Maulbronn. Unten: Das Nordportal des Bamberger Doms. Rechts unten: Mit der deutschen Romantik wurde der Mittelrhein zu einem Sehnsuchtsziel der Deutschen. Im Bild die Clemenskapelle bei Assmannshausen.

Wie viel sind uns die historischen Kulturgüter wert – und speziell ihr Welterbe-Status? Da gibt es ganz unterschiedliche Einstellungen. Und die »Rote Liste« der UNESCO-Kommission funktioniert als Alarmglocke, wenn ein Welterbe akut gefährdet ist. Gefährdung muss nicht Umbau, Abriss oder grobe Vernachlässigung eines Welterbes heißen. Gegen Gefährdung wird – zu Recht – Einspruch erhoben, wenn im Umfeld beispielsweise so himmelhohe Hochhäuser geplant werden, dass sie das Welterbe verzwergen. Oder eine Brücke geplant wird, die den Blick auf Dresdens Barockpracht stört.

Schutz durch Umdenken

Letztlich hat die UNESCO-Kommission nirgends die Macht, derlei zu verbieten. Aber sie kann den Welterbe-Status aberkennen. Diese Aussicht hat schon vielerorts Stadtväter zur Besinnung und die Investoren zum Umplanen gebracht. Beispiele:

In Wien drohte die Streichung von der Welterbeliste, weil Hochhäuser 800 Meter vom Stephansdom entfernt gebaut werden sollten. Das unterblieb – warum? Nicht zuletzt darum, hört man, weil der japanische Tourismus stark vom Welterbeprädikat gesteuert wird.

In Köln nahm man in ähnlicher Situation die UNESCO-Bedenken wohl nicht recht ernst, so wuchs ein 100 Meter hoher Turm auf dem Deutzer Rheinufer. Fünf waren geplant und hätten den Domtürmen trotz deren 157 Meter Höhe viel von ihrer Wahrzeichen-Kraft genommen. Die Kölner, zuvor nicht allzu kritisch gegenüber dem Höhenrausch der Investoren auf dem anderen Rheinufer, fanden sich auf der Roten Liste. Am Ende reagierten die Investoren nicht mit dem

DOME UND HOCHHÄUSER

Auf die Frage: »Sind die Denkmalschützer nicht zu konservativ, Neues und Altes hat doch stets nebeneinander gestanden?« antwortete Michael Petzet, Präsident von Icomos International (International Council of Monuments and Sites): »... Natürlich verändert sich die Welt. Aber muss man sie verschandeln, indem man Neubauten und Hochhäuser genau neben historische Monumente baut? Wir versuchen ja nur mühsam, eine gewisse Kontinuität zu wahren in einer sich rasant verwandelnden Welt.«

befürchteten Abzug, sondern änderten die Baupläne.

Wo die Achtung vor dem Wert des Welterbes und die Sorgfalt des Schutzes unterentwickelt sind, braucht man sich nicht zu wundern, dass »Welterbe« zugleich gern als Alibi in Anspruch genommen wird. Beispiel der Freistaat Bayern: Sooft man sich in der Münchner Staatskanzlei der bayerischen Kultur rühmt, so wenig scheut sich die Ministerrunde, Denkmalschutz und Denkmalpflege zu demontieren. Geldmittel, die Privateigentümern beim Unterhalt denkmalgeschützter Häuser halfen, wurden zusammengestrichen. Selbst der vor drei Jahrzehnten aufgebaute Schutz der sogenannten »kleinen Denkmäler« steht derzeit vor der Abschaffung: Ob Biedermeier- oder Jugendstil, alte Bausubstanz wird nach Belieben für den Abriss freigegeben, Denkmalpfleger dürfen nicht einmal mit einem Gutachten eingreifen.

Ein Verfahren, das die hochgesteckten Welterbe-Erwartungen der Bayernregierung zunichte machen könnte. Wacht doch die UNESCO-Kommission auch darüber, ob Mitgliedstaaten den Artikel 5 der Welterbe-Konvention in Vergessenheit geraten lassen: nämlich »für geeignete Regelungen zum Schutz ihres Kulturgutes« zu sorgen.

Wer zum Beispiel Schloss Neuschwanstein von König Ludwig II. gern mit dem Welterbe-Siegel ausgezeichnet sehen möchte, sollte die Denkmalpflege nicht minimieren, sondern als verantwortungs- und liebevoller Beschützer auch seines bescheideneren Kulturerbes auftreten.
Spenden für den Welterbe-Fonds der Deutschen UNESCO-Kommission:
Konto 43 59 30 03, Sparkasse Bonn,
BLZ 38 05 00 00, Stichwort »Welterbe«.

SOUVERÄNITÄT ABGEBEN

»Der Titel eines Weltkulturerbes ist auch eine Verpflichtung, man gibt einen Teil seiner Souveränität ab, indem man sich der Weltgemeinschaft überantwortet, dafür hat man bei anderen Welterbestätten ein Mitspracherecht. Welterbe bedeutet: Die Welt ist größer als Dresden, Hildesheim und Köln, es gibt eine gemeinsame Kulturidee, welche die Menschheit verbindet.«
Walter Hirche, Präsident der Deutschen UNESCO-Kommission, im August 2006 in der Diskussion um die Dresdner Pläne, eine Elbbrücke vor das WelterbeEnsemble um Frauenkirche, SemperOper und Schloss zu setzen.

Oben: Wegen der schönen Aussicht ließ Friedrich Wilhelm IV. das Belvedere auf dem Pfingstberg errichten. Mitte und unten: Nach seiner Rückkehr aus Italien beschloss Prinz Carl von Preußen sich seinen Traum von einer italienischen Villa zu verwirklichen. Das Landgut Glienicke schien ihm geeignet und wurde nach Schinkels Entwürfen »antik« gestaltet.

1 Bremens Freiheitsstatue und das Rathaus

Bürgerrecht und Weser-Renaissance

In Deutschlands Norden haben die Stadtrepubliken immer wieder ihre Bürgerrechte und Freiheiten verteidigt. Bremen mit Bremerhaven behauptet auch heute als kleinstes Land der Bundesrepublik Deutschland seine Eigenständigkeit. Ihr vor 600 Jahren mit gotischen Hallen erbautes Rathaus schmückten die Bürger der Hansestadt später mit einer prachtvollen Renaissancefassade. Der Roland vor dem Rathaus, eine Freiheitsstatue an der Weser, ist ebenso alt wie das Rathaus.

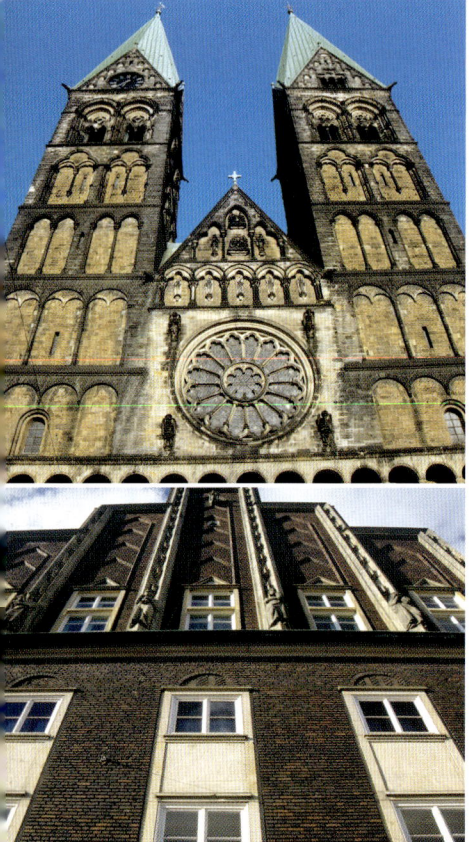

Oben: Der gotische Dom St. Petri beherrscht den Marktplatz. Ein Besuch des Bleikellers unter dem Dom ist ein Erlebnis. Unten: Herbert von Karajan zählte »Die Glocke« zu den drei besten Konzertsälen Europas. Rechte Seite: Von Bremen aus verbreitete sich das Bild des Rolands als Freiheitssymbol in Europa.

Bremens Rathaus und der fünfeinhalb Meter große Roland gehören zu den jüngeren Eintragungen auf der Welterbe-Liste der UNESCO. »Das ist eine ganz wunderbare Nachricht und große Anerkennung für die ganze Stadt«, begrüßte Bürgermeister Henning Scherf im Sommer 2004 die Aufnahme Bremens und verriet auch gleich, warum: »Unser Bremen, Rathaus und Roland werden künftig in einem Atemzug mit Wien, Florenz und Venedig genannt werden.«

Auf den Punkt hatte das Gutachten von ICOMOS (International Council of Monuments and Sites), der internationalen Denkmalpflege-Organisation, schon zuvor die Welterbe-Qualifikation von Rathaus und Roland gebracht. »Das Rathaus und der Roland zu Bremen sind ein einzigartiges Zeugnis für bürgerliche Autonomie und Souveränität, wie diese sich im Heiligen Römischen Reich ent-

wickelten.« Zumal sei der Roland »eine der ältesten und die repräsentativste der Roland-Statuen, die als Symbol für Freiheit und Marktrecht errichtet wurden«.

Um Rechte und Freiheiten

Was die Bremer einst alles durchzustehen hatten, bevor sie dieser Freiheiten und Rechte teilhaftig wurden, sieht man heute weder der prachtvoll restaurierten Rathausfassade noch der steinernen Roland-Statue an. Das im Kern noch bestehende Straßennetz aus Langstraßen parallel zur Weser mit kurzen kreuzenden Querstraßen prägte schon die erste Siedlung, als Karl der Große 787 hier ein Bistum gründete. Zwei Jahrhunderte später folgte das wirtschaftlich sehr wichtige Marktprivileg für den Handel, der auf den Fernstraßen vom Niederrhein zur Ostsee und von der

Oben: Die Fassade des Bremer Rathauses ist im Stil der Weserrenaissance gehalten und zeigt Architekturelemente nach Entwürfen von Meistern der niederländischen Renaissance wie Hans Vredeman de Vries und Jacob Floris. Mitte: Entspannung in einem Biergarten am Weserufer. Unten und rechte Seite: Der Schnoor ist ein mittelalterliches Gängeviertel.

Oberweser zur Nordsee stattfand. Bremen avancierte zum Erzbistum, doch die Bürger machten sich im 13. Jahrhundert unabhängig vom Erzbistum und gaben sich im frühen 14. Jahrhundert ihre städtische Verfassung, samt einem Mitspracherecht der Zünfte im Stadtrat. Seit 1358 spielte Bremen eine Hauptrolle im Städtebund der Hanse.

Zeitweise war Bremen nicht nur der älteste deutsche Seehafen, sondern auch die wichtigste deutsche Hafenstadt. Doch mussten die Bremer ständig um die Schiffbarkeit der versandenden Weser kämpfen. Später geriet Bremen unter die Herrschaft der Schweden, Franzosen und Preußen, wurde aber nach dem Wiener Kongress 1815 ein Freistaat mit dem Titel »Freie Hansestadt Bremen«. 1830 wurde der Überseehafen Bremerhaven gebaut. Unter Hitler ging nicht nur die Freiheit verloren, nach dem Bombenkrieg lagen sogar 90 Prozent des Stadtzentrums in Trümmern. 1945 wurde die Stadt – wegen des Hafens – eine Enklave der US-Besatzungszone und 1947 wurde das Land Bremen proklamiert, mit einer Verfassung wie nach dem Ersten Weltkrieg.

Ein Rathaus wechselt die Fassade

Als Bremen im frühen 15. Jahrhundert Hochkonjunktur hatte, entschloss sich die Bürgerschaft zum Bau des Rathauses am Markt, gleich beim Dom. Binnen fünf Jahren wurde es 1410 vollendet. Als dann die bremische Wirtschaft im frühen 17. Jahrhundert durch das Import/Export-Geschäft in allen Erdteilen

noch einmal kräftig florierte, befanden die Bürger den gotischen Stil ihres Rathauses für zu schlicht und leisteten sich eine neue Fassade im Spätstil der Weser-Renaissance, als man Schmuckelemente des flandrischen Städtebaus schätzte. So zeigt die symmetrische Schau-Architektur eine Fülle symbolischer und fantastischer Figuren und Reliefs, Engelsgestalten und Fabelwesen, dazu kunstvoll durchbrochene Steingitter, Blumenvasen und Fruchtmotive.

Den Haupteffekt erreichte der Bildhauer Lütger von Bentheim mit dem vorgezogenen Mittelerker über dem Arkadengang, gekrönt von einem fünfstöckigen flandrischen Prunkgiebel. Von 1609 bis 1614 dauerte die Arbeit, doch beließ man die schmalere Ost- und Westseite mit spitzbogigen Fenstern und Portalen unverändert – und hat so die Gesamtwirkung eher noch bereichert. Über dem zweiten Bogen der Frontfassade entdeckt man eine Henne mit Küken. Wenn man einen Bremer mit Sinn für Heimatgeschichte trifft, wird er einem die dazugehörige Gründungssage Bremens erzählen können.

Im Inneren des Welterbe-Rathauses wartet ein überraschender Kontrast: Die untere Halle ist sachlich-schlicht gehalten, oben dagegen stimmen unter der hohen Balkendecke schwebende Segelschiffsmodelle, Wandgemälde, reich geschnitztes Wandgestühl und über den Portalen prunkende bunte Wappenreliefs mit dem Bremer Schlüssel auf Festatmosphäre ein. In dieser 40 Meter langen Oberen Halle tagte über Jahrhunderte hin der Rat der Stadt, gegenwärtig

bleibt sie für festliche Empfänge und Veranstaltungen reserviert, gehört aber auch zum Programm der Rathausführung. Ein Hauptereignis ist alljährlich am zweiten Freitag im Februar die berühmte Bremer Schaffermahlzeit, die bereits seit dem Jahr 1581 stattfindet. Wer als Gast geladen wird, darf es als Auszeichnung empfinden, soll aber auch wissen, dass niemand ein zweites Mal dazu geladen wird.

Ist das Rathaus das schönste Schmuckstück am Bremer Marktplatz, so gilt die eher kleine Güldenkammer als das Juwel des Rathauses. Zweistöckig mit einer barock gestalteten Treppe in die Obere Halle eingebaut, wurde sie erst zu Beginn des 20. Jahrhunderts kostbar ausgestaltet – von Heinrich Vogeler, dem kreativsten Meister der Künstlerkolonie Worpswede. Vogeler überzog die Wände mit einer rotgoldenen Ledertapete voller Jugendstilornamente, ebenso die Türgriffe, Lampenschirme und den

Kamin. Länger als in diesem Design-Juwel halten sich Besucher im Ratskeller auf, einem Schatzgewölbe hervorragender Kreszenzen von deutschen Rebhängen. Rund 600 Sorten lagern hier und bereichern das Bremer Welterbe. Den fröhlichen Zechern an den langen Tischen liegen die stattlichen Fässer immer vor Augen.

Der Roland, mit Baldachin beinahe zehn Meter hoch, hält draußen Wache, mit langem Schwert und dem großen Doppeladler-Wappenschild als Zeichen der reichsfreien Stadt. Ein erster hölzerner Roland – und vielleicht der älteste von allen – stand schon um das Jahr 1180 auf dem Bremer Marktplatz und wurde von dem steinernen im Jahr 1404 abgelöst. Dem hat man auch wegen der schädlichen Luftbelastung neuerdings den originalen Kopf gegen eine Kopie ausgetauscht. Trotzdem leben die Bremer wie seit mehr als 800 Jahren weiter gut mit ihrer Freiheitsstatue.

MIT NOSTALGIE-CHARME

Gemütliche Gästezimmer und Appartements in einer Villa aus der Zeit um 1900 bietet das »Turmhotel Weserblick« (garni), alle mit Kabel-TV, Schreibtisch, Wandsafe, auch Haarföhn und Hosenbügler, teils Pantry-Küche. Parkplätze. Nur 20 Betten, ein Turmzimmer mit Weserblick, ein anderes mit eigener Dachterrasse. Haustiere erlaubt. Bar. 300 Meter vom Stadtzentrum entfernt.
Turmhotel Weserblick: Osterdeich 53, 28203 Bremen, Tel. 04 21-9 49 41-0, Fax 04 21-9 49 41–10, E-Mail: info@hotelgruppe-kelber.de, www.hotelgruppe-kelber.de

AUSKUNFT
Bremer Touristik-Zentrale: Findorffstraße 105, 28215 Bremen, Tel. 0 18 05-10 10 30 (0,12 €/Min.), Fax 0421-3 08 00 59, E-Mail: btz@bremen-tourism.de, www.bremen-tourismus.de

Bremen liegt zu beiden Seiten der
Weser. Nach etwa 70 Kilometern
mündet diese in die Nordsee.

2 Lübecks Tore, Kirchen, Gassen und Gänge

Die Ostsee-Königin

Den Doppelkegel des Lübecker Holstentors mit dem Stufengiebel zwischen den Kegeltürmen – diese markante Form kennt fast jeder, auch wenn er noch nie Ostseeluft geatmet hat. Auf Geldscheinen und auf Münzen ist Lübecks schönstes Stadttor unzählige Male abgebildet, es wirbt für Lübecker Marzipan und wird auf der goldenen 100-Euro-Münze zugunsten der Welterbe-Stätten erscheinen.

Liest man nach bei Thomas Mann in den »Buddenbrooks«, im »Tonio Kröger« oder in der Rede über »Lübeck als geistige Lebensform«, findet man Sätze über die enge Stadt, über Holzlagerplätze drunten am Fluss, hübsche Villen, altersgraue Patrizierhäuser, die winklige Heimatstadt, über deren Giebel der feuchte Wind pfiff.

So eng mutet Lübeck heute nicht mehr an. Als die Lübecker 1947 daran gingen, ihre im Bombenkrieg grausam zerstörte Stadt wieder aufzubauen, geschah es unter Bewahrung des historischen Stadtgrundrisses, aber auch schon mit Blick auf künftigen Straßenverkehr. Die 1895 begonnene Ost-West-Achse wurde begradigt, der Hauptmarkt zu Gunsten des Kohlmarkts und anderer Veränderungen verkleinert. Manches »Trümmergrundstück« ist seither modern überbaut worden, nicht immer mit glücklicher Hand. Doch Lübeck blieb – dank des Engagements vieler traditionsbewusster Bürger – eine von Wasserläufen und Hafenbecken umgebene »Inselstadt«, mit einem hohen Anteil wiederhergestellter historischer Gebäude.

Das historische Zentrum ist vom Autoverkehr nicht ausgeschlossen, aber es wurde durch einen Ringstraßengürtel außerhalb der Altstadt entlastet. Abseits von Königstraße, Bäckergrube und Langem Lohberg prägen schmale Straßen und Gassen das Bild, Häuser in Bauformen des Mittelalters und des Barock schmiegen sich aneinander. Hinter den Stufengiebeln und barocken Giebelschwüngen warten die noch schmaleren »Gänge«, die für Autos nicht mehr passierbar sind. Sie entstanden teils schon im späten Mittelalter, als man die Grundstücke enger bebaute und die Vorderhäuser durchbrach, sodass hinten kleine Häuser und Buden entstehen konnten.

Oben: Das Holstentor gehört zu den Überresten der Lübecker Stadtbefestigung. Unten: Der Lübecker Dom stammt aus romanischer Zeit. Rechte Seite oben: Der Holstenhafen an der Trave. Rechte Seite unten: Das Lübecker Rathaus ist ein gotischer Kernbau und in seiner Art der größte und bedeutendste in Deutschland.

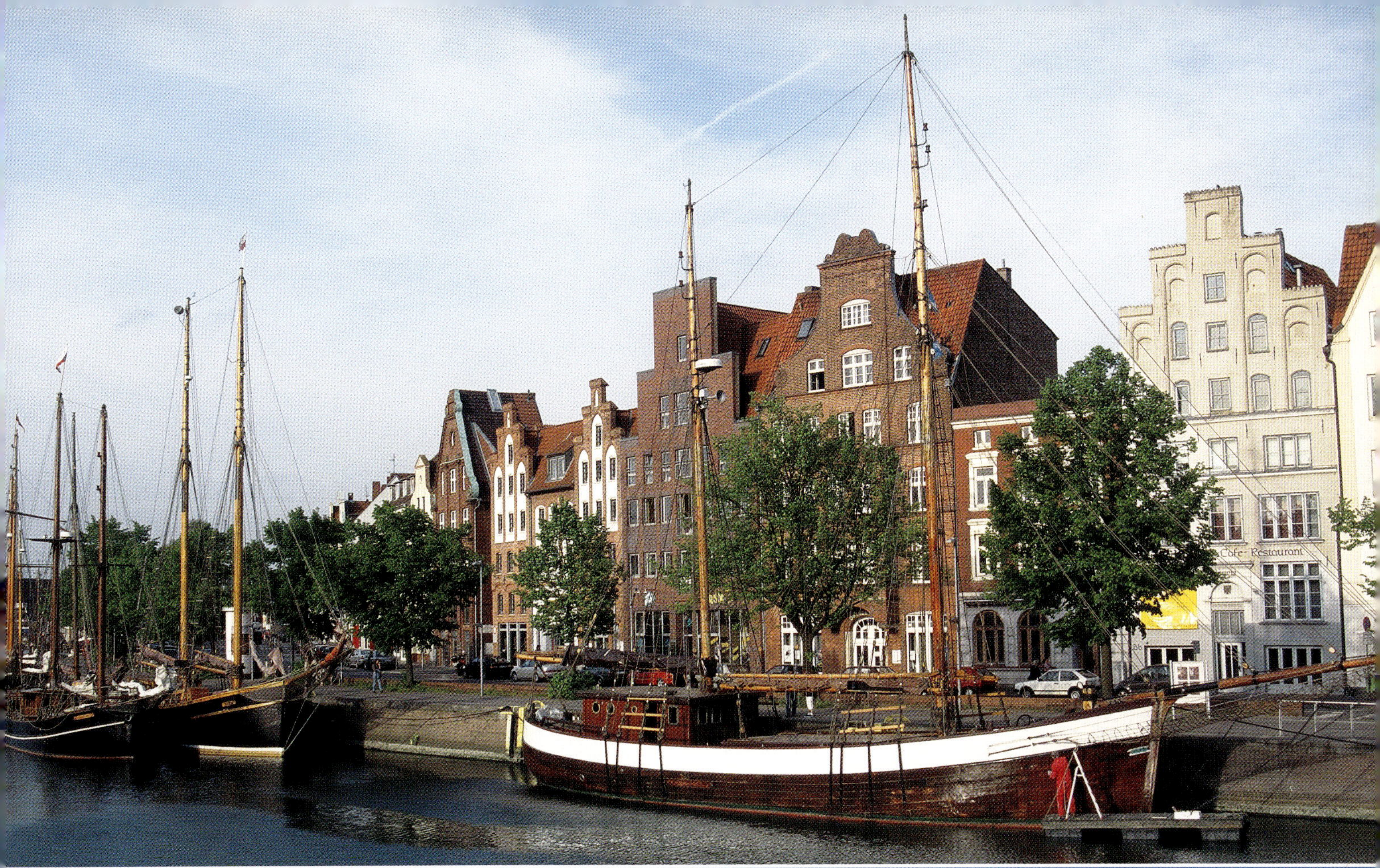
Cafe-Restaurant

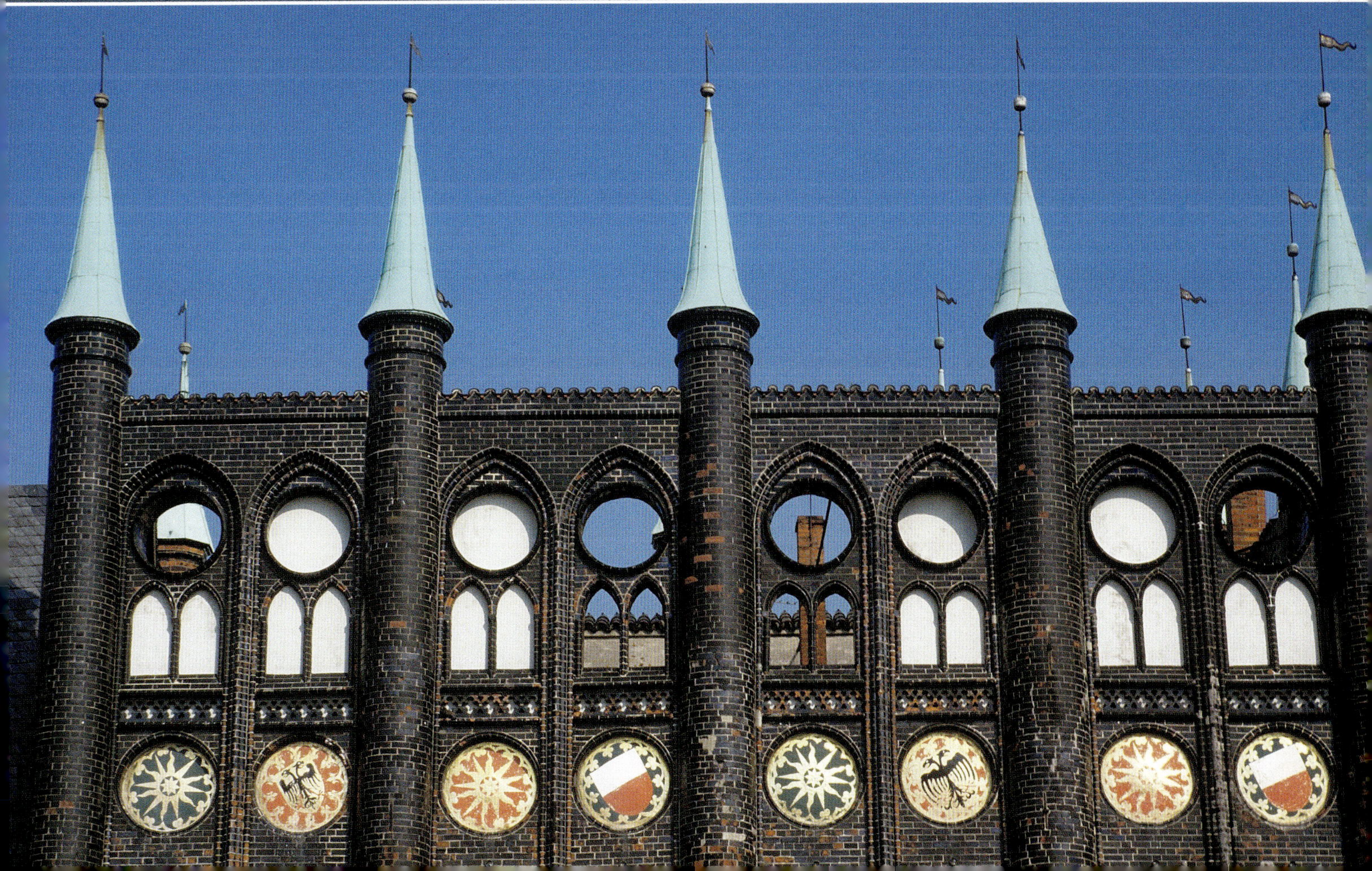

Lübeck – frühes Vorbild

Mehrmals wurde die Stadt Lübeck gegründet, am erfolgreichsten 1158/59 von Heinrich dem Löwen nördlich der vorherigen Siedlung: Damals entstand die erste planmäßig angelegte deutsche Kaufmannsstadt an der Ostsee mit rechtwinkligem Straßennetz und einem sich gabelnden Längsstraßenzug.

Die heutige Altstadt, umgeben von dem Flüsschen Trave, der Wakenitz und dem Elbe-Lübeck-Kanal, lässt das Muster Heinrich des Löwen noch immer erkennen. Lübecks Hafen dominierte schon bald im Ostseehandel, – Lübeck wurde »Vorort« der Hanse. Das »Lübische Stadtrecht« galt darum in fast hundert Städten im Ostseeraum. Der Lübecker Rat wurde von den Tochterstädten in Rechtsstreitigkeiten als Oberhof anerkannt. 1226 erklärte der Stauferkaiser Friedrich II. Lübeck zur Freien Reichsstadt.

Damals entstand die Lübecker Stadtsilhouette mit ihren sieben schlanken Türmen auf der Höhe der mittelalterlichen Siedlung. Lübeck soll um 1500 bis zu 25 000 Einwohner gehabt haben, damals eine große Zahl. Schon seit dem 14. Jahrhundert leisteten sich die Lübecker sechs große Kirchen: den Bischofsdom, die Marienkirche mit ihren zwei Türmen, die Katharinenkirche ohne Turm, St. Jakobi (sie blieb ohne Kriegsschäden), St. Petri und St. Ägidien. Dazu kam noch das St.-Annen-Kloster, von dem nach einem Brand 1843 nur Reste des spätgotischen Gebäudes blieben. Heute ist es kein Kloster mehr, son-

dern eines der schönsten Museen Norddeutschlands. Lübecks wirtschaftliche Bedeutung als Ostseehafen schwand mit den neuen Handelsrouten nach Amerika und Indien. Darum wurde lange wenig gebaut, erst zu Ende des 19. Jahrhunderts wieder, als sich Industrien ansiedelten und Vorstädte wuchsen. Erst damals wurde auch der Elbe-Lübeck-Kanal erweitert und der Landrücken am Burgtor durchstochen, die Altstadt ist seitdem eine Insel.

Der englische Luftangriff 1942 – der erste Flächenangriff auf eine deutsche Altstadt – zerstörte viel Unwiederbringliches. Mindestens 40 Prozent der Baudenkmäler gingen verloren, ein Welterbe, das von den Militärs noch nicht als solches erkannt, geschweige denn geschont wurde. Zur Vergeltung ließ Hitler in seiner Verblendung Bomben auf englische Kulturstädte wie Bath und andere Orte abwerfen.

Erste deutsche Welterbe-Altstadt

Im Jahr 1987 setzte die UNESCO Lübecks Altstadt auf die Welterbeliste – als erste Altstadt Nordeuropas, auch als erste deutsche Altstadt –, und zwar im Besonderen die folgenden Bauwerke: den Rathauskomplex, das Burgkloster, den Koberg, das Viertel der Patrizierhäuser des 15. und 16. Jahrhunderts zwischen Petrikirche und Dom, das Holstentor, die Salzspeicher am linken Traveufer und last but not least, den archäologisch auswertbaren Untergrund der Stadt. Bis jetzt wurden annähernd drei Millionen Funde geborgen.

Oben: In der Dr. Julius-Leber-Straße befinden sich die ältesten Gebäude der Stadt. Mitte und unten: Die Gänge und Höfe sind Überreste des mittelalterlichen Städtebaus. Oft wurden sie von wohlhabenden Lübecker Bürgern gestiftet. Rechte Seite: Das Foyer des Rathauses. Im Treppenaufgang hängen zahlreiche Gemälde mit Szenen der Stadtgründung.

Sehr viel ist also zu sehen: für Architektur-Liebhaber vor allem reichlich Backsteingotik vom Schönsten! Der Dom zum Beispiel, den schon Heinrich der Löwe gründete, ist als mächtiger gotischer Backsteinbau zu bewundern, mit dem 17 Meter hohen Triumphkreuz, einem Meisterwerk des Bildschnitzers Bernt Notke (um 1440–1509). Notke kam aus Vorpommern und wurde wenige Jahre vor seinem Tod Werkmeister an Lübecks St.-Petri-Kirche. Um Lübecks Markt stehen das Rathaus, an dem jahrhundertelang gebaut wurde – mit schwarz glasierten Ziegeln und hoher Schaufassade eines der größten im Mittelalter – und die Marienkirche, mit ihren 125 Meter hohen Türmen in jeder Weise ein Höhepunkt der frühen Gotik Norddeutschlands. Aus dem 13. Jahrhundert stammt auch das Heiliggeisthospital am Koberg mit dreischiffiger

Kirche und 88 Meter langer Hospitalhalle mit Sternengewölbe und Wandmalerei. Das Hospital war eine Stiftung wohlhabender Kaufleute für Arme und Kranke. Unter vielen »Gängen« in den Hinterhöfen ist vor allem Lüngreens Gang zwischen Bäckergang und Fischergrube einen Besuch wert. Ebenso das St.-Annen-Museum, ehemals ein Kloster, jetzt um eine moderne Kunsthalle erweitert, das Museum Behnhaus/Draegerhaus, das Literaturmuseum für Thomas und Heinrich Mann im Buddenbrookhaus in der Mengstraße und das erst 2002 eröffnete Günter-Grass-Haus. Es zeigt vor allem das grafisches Werk von Grass, dazu einen Skulpturengarten in einem mittelalterlichen Hof. Und wo segeln über langen Gasttischen pittoreske Koggen und Fregatten? Im Haus der Schiffergesellschaft in der Breiten Straße, wie seit eh und je.

OSTSEE

Puttgarden
FEHMARN
**Vorpommersche
Boddenlandschaft**
Stralsund **3**
Greifswald

Wismar
Rostock
Güstrow
3
Schwerin
Neubrandenburg
**Mecklenburgische
Seenplatte**
Ludwigslust
Müritz
Mirow

Oben: Umfangreiche und detaillierte Schnitzereien zieren das Portal der Nikolaikirche in Stralsund. Unten: Im Stralsunder Rathaus erwartet den Besucher ein barocker Arkadengang mit reizvoller Galerie, in dem früher Handel getrieben wurde. Rechte Seite: Häuserfassade in Wismar.

3 | Neuer Glanz für Stralsund und Wismar

Die Städte-Ehe an der Ostsee

Wenig wird zur Erhaltung getan, Besserung ist nicht in Sicht – so berichteten noch 1995 die Besucher über Stralsund. Dabei ist es nicht geblieben, im Gegenteil. Seit es den beiden Schwesterstädten Stralsund und Wismar gelang, von der UNESCO in die Liste des Weltkulturerbes aufgenommen zu werden, werden die aus Hansezeiten überkommenen Altstädte Haus um Haus gerettet und gewinnen ihre Schönheit zurück.

Hansestadt nennt sich Stralsund mit gutem Grund noch heute, gehörte doch die Stadt am Strelasund zu den Gründungsmitgliedern der Hanse. Das ist zwar gut 700 Jahre her, doch bis heute hat es kein anderer Städtebund zu solchem wirtschaftlichen und politischen Gewicht gebracht wie die Hanse in ihrer rund 200-jährigen Glanzzeit vom späten 13. bis zum späten 15. Jahrhundert. In den Zeiten ihrer größten Ausdehnung waren beinahe 200 See- und Binnenstädte zusammengeschlossen. Rechnet man noch die vorausgegangene »Genossenschaft der Gotland besuchenden Kaufleute des Römischen Reiches« dazu, aus der die Städte-Hanse entstand, so existierte das nordeuropäische Kaufmanns- und Städtebündnis rund ein halbes Jahrtausend, bis zum letzten »Hansetag« 1699. Noch erstaunlicher: Das gelang ohne schriftliche Statuten und ohne offizielle Mitgliederliste.

Wer sich ein Weltkulturerbe-Reiseprogramm zu den deutschen Hansestädten vornimmt, hat viel vor. Unter den prominenten deutschen Hansestädten stehen Bremen und Lübeck, Stralsund und Wismar, Köln, Goslar und Hildesheim auf der UNESCO-Liste. Die vier Erstgenannten sind alle Hafenstädte, doch nur Stralsund und Wismar haben Seehäfen unmittelbar am Meer. Beide konnten in ihrem »Welterbeantrag« auf die Authentizität ihrer Stadt- und Hafengestalt pochen.

In Wismar, heißt es da, »hat sich das mittelalterliche Hafenbecken in Lage und spezifischer Formgebung weitestgehend erhalten«. Und: »Bedingt durch seine nahezu lückenlos überlieferte Straßenrandbebauung bildet Wismar die einzige in dieser Größe und Geschlossenheit erhaltene Hansestadt im Ostseeraum.« In Stralsund »betont ... die ein-

Oben: Stadtidylle in Wismar. Unten: Blick in das Traditionsrestaurant »Alter Schwede« in Wismar. Rechts oben: Blick über Stralsund mit den markanten Türmen der Nikolaikirche. Rechte Seite: St. Nikolaikirche in Stralsund.

zigartige Insellage zwischen dem Strelasund und den im 13. Jahrhundert aufgestauten Teichen den mittelalterlich geprägten Stadtkörper, der in der unverwechselbaren Silhouette zur Geltung kommt.«

Sanierung in letzter Minute

Es ist ein Erlebnis der ganz besonderen Art, in Stralsund oder Wismar unterwegs zu sein – vor allem für Besucher aus den alten Bundesländern. Weil die DDR keinen Wirtschaftsboom zuwege brachte, wurden in die Altstadtkerne an der Ostseeküste viel weniger dominante Neubauten und Kaufhauszentren gesetzt als in Westdeutschland. Altstadt-Ambiente ist selbst dort noch gegenwärtig, wo die Bomben des Zweiten Weltkriegs viel zerstört hatten, wie zum Beispiel in Rostock

und – noch im Oktober 1944 – in Stralsund. Wismar verlor noch 1945 sein »Gotisches Viertel«, von der Marienkirche blieb nur der monumentale Turmbau. Der Staat setzte seine monotonen Plattenbaukomplexe an die Stadtränder, sanierte in Stralsund das Rathaus, Johannis- und Katharinenkloster, hatte aber dann nicht einmal mehr die Mittel, notwendigste Reparaturen an der historischen Wohnbausubstanz zu finanzieren.

Die verkam – und was der Besucher heute sieht, ist das Ergebnis von Rettungssanierungen in letzter Minute und in großem Stil nach der Wiedervereinigung. Seit 2002 gibt der Welterbe-Status einen starken Impuls zur Erhaltung und Erneuerung der beiden historischen Hanse-Stadtkerne. Eine enorme Arbeit des Aufbauens, Renovierens und Restaurierens ist geleistet worden.

Noch 1992 – so ist es für Stralsunds Altstadt dokumentiert – waren von rund 1000 Gebäuden 80 Prozent nicht nutzbar oder schwer beschädigt. Für die Erhaltung historischer Bausubstanz engagiert sich neben der Stadterneuerungsgesellschaft auch das Bürgerkomitee »Rettet die Altstadt von Stralsund«. Es sammelt Spenden und berät Bauherren. Noch immer sind rund 150 Häuser zu restaurieren und rund 80 Baulücken auszufüllen.

Wind von der Ostsee umweht die Spaziergänger zwischen den alten Mauern in Wismar wie in Stralsund, zwischen all der zurückgewonnenen Schönheit von Stufengiebeln und Arkaden, individuell gestalteten Hauseingängen und Schaufronten. Geschichte lebt fort im Muster des Straßennetzes und in der Backsteingotik der mächtig aufragenden Kirchen, die bis heute die Stadtsilhouette prägen.

Sie sprechen von mittelalterlicher Frömmigkeit, aber auch von der politischen und wirtschaftlichen Kraft der Städte, deren Bürger sich solche Großkirchen leisteten – in einer Region, die noch im 12. Jahrhundert überall Bauernland gewesen war. Stralsund bekam 1234 Stadtrecht. Noch im gleichen und im folgenden Jahrhundert entstanden die Nikolaikirche, die Marienkirche, die Jakobikirche, das Franziskanerkloster, das Heiliggeistspital und das prunkvolle, backsteinrote Rathaus mit seiner kunstvoll durchbrochenen Fassade, die sich in Kreisen und Spitzbögen gen Himmel und Wolken öffnet.

Spiegel europäischer Geschichte

Anno 2004 feierten die Stralsunder am Alten Markt unter Trompetenklang den Abschluss langjähriger Sanierung und

BLICK AUF DIE ALTSTADT

Am denkmalgeschützten Jungfernstieg 2005 eröffnet, fünf Minuten vom Bahnhof entfernt und fast ebenso nah an der Altstadt, bietet das »Hotel am Jungfernstieg« in Architektur und Ausstattung helles, großzügiges Wohnen. Dazu Bar, Lift und auch einen geräumigen Fahrradkeller (mit Fahrradverleih), 33 Zimmer und drei Suiten, aus manchen blickt man auf den Knieper Teil und die Altstadt.
Hotel am Jungfernstieg: Jungfernstieg 1b, 18437 Stralsund, Tel. 0 38 31-4 43 80, Fax 0 38 31-44 38 19, E-Mail: info@hotel-am-jungfernstieg.de, www.hotel-am-jungfernstieg.de

AUSKUNFT
Tourismuszentrale Hansestadt Stralsund: Alter Markt 9, 18439 Stralsund, Tel. 0 38 31-24 69-0, Fax 0 38 31-24 69 22, E-Mail: info@stralsundtourismus.de, www.stralsund.de
Tourismuszentrale Wismar: Am Markt 11, Postfach 1245, 23952 Wismar, Tel. 0 38 41-2 51 30 25, www.wismar.de
Welterbe Stralsund und Wismar: www.stralsund-wismar.de

Hinter der Ziergiebel-Schauwand des Stralsunder Rathauses verbirgt sich ein reizvoller barocker Arkadengang.

Stabilisierung ihres Rathauses. In mehr als einem halben Jahrtausend hatte sich ein Pfeiler gesenkt, Anker waren gerostet. Nach einer 30 Meter langen Bohrung quer durch das Gebäude gibt jetzt ein Stahlkorsett mit neuen Stahlankern wieder inneren Halt. Stralsund war bereits früh ein Ort europäischer Bedeutung. Schon im Jahr 1370 wurde Stralsund für die Friedensverhandlungen mit Dänemark ausgewählt, einem damals mächtigen Staat, der im Krieg mit der Hanse dennoch unterlag.

Die Mitte Wismars ist der historische Marktplatz, einer der größten in Norddeutschland. Als Stadt wurde Wismar zum ersten Mal im Jahr 1229 genannt, 1266 erhielt es das »lübische Recht« nach Lübecker Muster, wie zuvor schon Stralsund. Rund 130 Kilometer von Stralsund entfernt befindet sich der geschützte Hafen von Wismar an der Mecklenburger Bucht.

Wie Stralsund gehörte Wismar seit dem Dreißigjährigen Krieg bis ins 19. Jahrhundert hinein zu Schweden. Bierexport machte die Stadt im Mittelalter reich. Auch die Wismarer erbauten drei riesige Kirchen, alle im Stil der Backsteingotik.

Wismar wurde wie Stralsund zur starken Festung mit Mauern und Toren, eine der stärksten an der Ostseeküste. In seiner Architektur spiegelt das Altstadtzentrum die Geschichte wider: Neben Gebäuden aus dem Mittelalter fällt die großartige Renaissancefassade des Fürstenhofes ins Auge, auch Bauten aus der Zeit des Barocks, des Klassizismus und sogar des Jugendstils kann man sehen.

Oben: Die Nikolaikirche in Wismar gehört dem Typus der Lübecker Marienkirchen an. Mitte: In der Nikolaikirche in Stralsund. Unten: Die luftige Schmuckfassade des Rathauses am Alten Markt, ein Meisterwerk des Backsteinbaus in Stralsund. Rechte Seite: Giebelprunk am Alten Markt mit Gotik-Spitzbögen und Barockschwüngen.

HELFEN, WO HILFE NOT TUT

Die Städte Stralsund und Wismar haben noch vor ihrer Aufnahme ins UNESCO-Welterbe etwas Neues ins Leben gerufen, die 2001 gegründete »Deutsche Stiftung Welterbe«. Viele hochrangige Kulturorte der Erde benötigen Hilfe, um in die Welterbeliste aufgenommen zu werden, es fehlt dort aber an Kenntnis und finanziellen Mitteln, um auch nur den Aufnahmeantrag zu verfassen. Andere, die als Welterbestätten anerkannt sind, können nicht einmal dringlichste Schutzmaßnahmen und Restaurierungen realisieren.
Um bei beidem – der Aufnahmeprozedur und der Welterbe-Erhaltung – zu helfen, sammelt die »Deutsche Stiftung Welterbe« Unterstützer, Fachleute und Spenden. Sie ist aktiv an Orten im Baltikum, in Montenegro, in Rumänien, in Aserbaidschan, in der Mongolei, am Baikalsee und anderen Orten.

Deutsche Stiftung Welterbe: Sparkasse Mecklenburg-Nordwest.
BLZ: 14 05 10 00, Konto: 12 00 01 76 56
Kontaktadresse: Deutsche Stiftung Welterbe. Brigitte Mayerhofer, Postfach 401805, 80718 München, Tel. 0 89-30 76 51 01, Fax 0 89-30 76 51 02, E-Mail info@welterbestiftung.de, www.welterbestiftung.de

Oben: Neuer Glanz für Berlins Museumsinsel: das frisch renovierte Bode-Museum. Unten: In der lichten Eingangshalle: das Reiterstandbild des Großen Kurfürsten. Rechte Seite: Die exzellente Skulpturensammlung ist das Hauptthema des Ausstellungsprogramms. Auch im Treppenaufgang empfängt den Besucher Preußisches.

4 Berlins Museums-Mitte wird neue Wirklichkeit

Deutschlands reichste Insel

In einer preußischen Kabinettsorder vom 29. März 1810 verfügte König Friedrich Wilhelm III., »in Berlin eine öffentliche, gut gewählte Kunstsammlung anzulegen«, vis-à-vis dem königlichen Schloss. Dabei blieb es dann nicht: Fünf große Museen wurden erbaut und mit Kunst aus babylonischer Zeit bis zum 20. Jahrhundert gefüllt. Der Zweite Weltkrieg hinterließ Ruinen, die deutsche Teilung teilte auch die Sammlungen. Heute wachsen sie auf der Museumsinsel wieder zusammen und werden zu einem Kunstzentrum ohnegleichen.

Am Anfang stand das Vorbild der Franzosen und die Forderung der Aufklärung: Europas Monarchen sollten ihre Kunst- und Schatzkammern öffnen und die Kunstwerke dem Volk zugänglich machen. 1793, im selben Jahr, in dem Ludwig XVI. und Marie Antoinette durch die Guillotine starben, wurde in Paris das Louvre-Schloss öffentliches Museum. Hier wurden nun die Kunstschätze des Königs und der Adligen zusammengetragen, sofern sie nicht geplündert und zu Geld gemacht worden waren. In Berlin dauerte es länger, doch auf die königliche Kabinettsorder von 1810 folgten Beschlüsse einer Kommission unter der Leitung Wilhelm von Humboldts, auf diese hin errichtete Karl Friedrich Schinkel den Museumsbau am Lustgarten. Erst später, als in Berlin mehr Museen öffneten, bekam der seinen Namen, das Alte Museum. Dieser erste Berliner Museumsbau ist eines der besten Beispiele des Berliner Klassizismus. Hinter der offenen Halle baute Schinkel eine Rotunde mit kassettierter Kuppel, inspiriert vom römischen Pantheon. Dort sollten Meisterwerke aller Epochen ihren Platz finden und so dem Besucher das universale geistig-künstlerische Erbe vergegenwärtigen.

Zugleich signalisierte die neue Kunststätte am Lustgarten Anspruch und Selbstgefühl der aus Niederlagen wiedererstandenen preußischen Staatsmacht. Kunstraub hatte auch Napoleon betrieben, und König Friedrich Wilhelm III. veranlasste, dass die von Napoleon verschleppten und nach seinem Sturz heimgeführten Kunstschätze ausgestellt wurden.

Das Pergamonmuseum ist heute eines der meistbesuchten Museen. Die Modernisierung steht bevor. Oben: Antike Meisterwerke: Skulptur vom »Pergamonaltar« von der Akropolis des heute türkischen Bergama/Pergamon. Unten: Wandrelief vom Ishtar-Tor aus Babylonien. Rechts oben: großer römischer Mosaikboden.

Wachstum vom Biedermeier bis zur Weltwirtschaftskrise

Als Gründungsjahr der Museumsinsel gilt 1841. Friedrich Wilhelm IV. bestimmte das Inselgelände des Alten Museums und das Terrain nördlich davon zu einem »der Kunst und Altertumswissenschaft geweihten Bezirk«. Es dauerte rund 90 Jahre, bis die Museumstempel der Spreeinsel erbaut waren.

Nach den Plänen des enorm produktiven Schinkel-Schülers Friedrich August Stüler entstanden in den Jahren 1843 bis 55 das klassizistische Neue Museum für Ägyptische Kunst und schon im folgenden Jahrzehnt gleich nebenan die Alte Nationalgalerie. Zu Ehren von Friedrich Wilhelm IV., der nach einem Schlaganfall geisteskrank in Sanssouci gestorben war, platzierte man sein imposantes Reiterstandbild auf der oberen Treppenplattform.

Einen Hauch von Venedig spürt man um den mächtigen neubarocken Bau des Kaiser-Friedrich-Museums (später: Bode-Museum) dank der Lage an der nördlichen Inselspitze und der unmittelbar aus dem Wasser steigenden Außenfronten, erbaut von Ernst von Ihne und Max Hasak, 1897–1904. Am Hohenzollernhof war schon um 1870 der Plan eines eigenen Museums für die Sammlungen frühchristlicher und byzantinischer Kunst erwogen worden. In der Ära von Bismarcks Kulturkampf gegen die katholische Kirche wurde das Projekt beiseite geschoben, dann aber von Wilhelm Bode wieder aufgenommen und in den letzten Jahren des 19. Jahrhunderts durchgesetzt.

Der fünfte Bau wurde der größte und mit dem monumentalen Zeusaltar von Pergamon zum Inbegriff der Berliner Museumsinsel. Der Pergamonaltar – nach dem antiken Namen der Stadt Ber-

gama nahe der türkischen Ägäisküste – ist das Herz des Pergamonmuseums, und dieses ist das Herzstück der Museumsinsel in der Spree. Ohne den weithin vergessenen Karl Humann gäbe es das Pergamonmuseum nicht.

Der rheinische Straßen- und Eisenbahn-Ingenieur Karl Humann (1839–1896) war wie der mecklenburgische Kaufmann und Troja-Ausgräber Heinrich Schliemann ein genialer Außenseiter der Archäologie, er entdeckte und rettete die Bruchstücke des Pergamonaltars. Im Auftrag der osmanischen Regierung reiste Humann durch Anatolien und den Nahen Osten und bereitete den Bau einer Bahnlinie von Haifa ans Tote Meer vor, war aber immer auch archäologisch aktiv. Er motivierte die preußische Regierung in Berlin zu Ausgrabungen in Pergamon (1878–86), leitete sie und brachte die großartigen Skulpturen des Pergamonaltars nach Deutschland.

Alle anderen Museen auf der Spreeinsel waren bereits gebaut, als Wilhelm Bode, 1905 zum Generaldirektor der Berliner Museen ernannt, das künftige Pergamonmuseum in Auftrag gab. Bode wünschte sich für die deutsche, die antike griechisch-römische und die vorderasiatische Kunst drei Museen. Doch Alfred Messel, der Architekt, überzeugte mit einem kühneren Vorschlag: alle drei Gebäude unter einem Dach zu vereinen, mit dem Pergamonaltar im Zentrum. Doch wegen des Ersten Weltkriegs konnte das Pergamonmuseum erst 1930 eröffnet werden, ganz fertig war es aber noch immer nicht.

Die Konturen der Zukunft

Auf eine langwierige, immer wieder neu einsetzende, stockende und wieder voranschreitende Entstehung blickt die Museumsinsel zwischen Lustgarten und

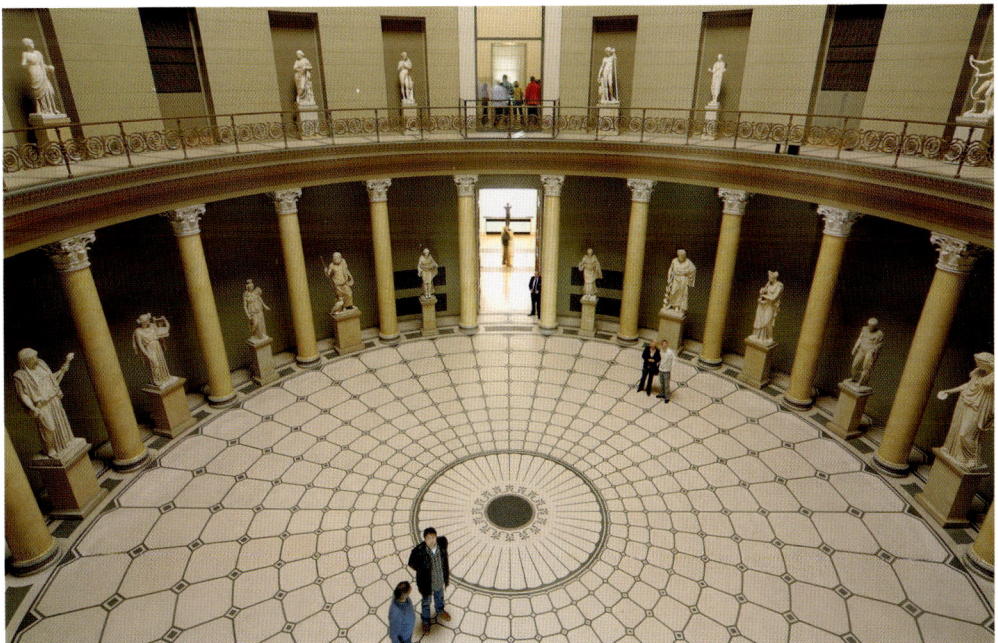

Die Alte Nationalgalerie verfügt über eine der bedeutendsten Sammlungen klassizistischer Kunst. Unter den Skulpturen des 19. Jahrhunderts befinden sich so berühmte Werke wie die Prinzessinnengruppe von Johann Gottfried Schadow.

Oben: Dramatisches Detail des Perga-monaltars (um 180 v. Chr.). Mitte und unten: Die alte Nationalgalerie, entwor-fen von Friedrich August Stüler, gebaut von Johann Heinrich Strack 1866–76. Die Giebelfiguren symbolisieren die Kün-ste. Rechte Seite: Kunstvoll beleuchtet: der Berliner Dom (oben) und das Alte Museum (unten).

Kupfergraben zurück. Nicht immer woll-te all die Pracht zusammenpassen. Ein Haus blieb vom anderen isoliert, fast jedes ist dem anderen stilfremd. Eine Kooperation der Häuser untereinander war kaum bekannt. Die finanziell meist klamme DDR rettete Schinkels ausge-branntes Altes Museum, ließ aber die Ruine des Neuen Museums jahrzehnte-lang verfallen, Bäume wuchsen aus den Mauern. Obendrein zerschneidet auch noch eine Eisenbahnbrücke das Mu-seumsareal. Aber am brutalsten war die Berliner Museumsszene durch die Mauer zerrissen.

Und doch: Was der Louvre für Paris und Frankreich bedeutet, ist die Museumsin-sel an der Spree für Berlin und Deutsch-land, Wunschort von Millionen Men-schen aus aller Welt, die das Verlangen nach den Meisterwerken hierher lockt – an einen der bedeutendsten Kunst-Orte von Weltrang, dem die Direktoren der Berliner Staatlichen Museen zu einer dem Louvre vergleichbaren Ausstrahlung verhelfen wollen.

Im zweiten Jahrzehnt nach dem Fall der Mauer beginnen sich die Konturen der Zukunft abzuzeichnen. Nicht nur die Neuordnung der Sammlungen wird angestrebt, sondern auch eine neue Gemeinsamkeit aller Häuser auf der Museumsinsel. Künftig will man die Kul-turen und Epochen nicht mehr vonein-ander abschotten, sondern die großen, zeitlos bewegenden Themen kulturüber-greifend darstellen: vom Selbstverständ-nis des Menschen zwischen Geburt und Tod bis zu den Vorstellungen von Chaos und Kosmos.

Zur Erschließung innerer Zusammenhän-ge der Kulturen wird dem Publikum die »Archäologische Promenade« von Museum zu Museum dienlich sein, eine zum Teil unterirdische Führungslinie. Von der »späten Wiedergeburt der Museumsinsel« spricht Professor Wil-dung, Chef der Ägyptischen Sammlun-gen, hoffnungsvoll.

Wo sieht man künftig welche Kunst-schätze? Mit großem Elan gibt Peter-Klaus Schuster, Generaldirektor der Staatlichen Museen zu Berlin, Einblick in seine Vision. Darin kommt neben der Museumsinsel auch dem Neubau des Berliner Stadtschlosses eine Hauptrolle zu: »Die europäische Kunst bis 1900 hat ihren Platz auf der Museumsinsel. Und die außereuropäische Kunst zielt auf das Schlossareal … Das Ziel bleibt unverän-dert der Dialog der europäischen Kunst auf der Museumsinsel mit der außereu-ropäischen Kunst auf dem Schlossplatz. Etwas anderes, etwas Sinnvolleres, etwas Würdigeres als eine Demonstration der Weltkunst ist an diesem Ort gar nicht denkbar.«

Wenn sich das Museumsquartier der Spreeinsel mit dem neu gebauten Stadt-schloss zusammentun könnte, bliebe, benachbart am Potsdamer Platz, das Kulturforum als »Zentrum der Moderne« bestehen. Ob das alles bezahlbar ist in einer Stadt, die in Milliardenhöhe ver-schuldet ist? Der Generaldirektor der Museen setzt auf kulturnahe, kommer-zielle Teilnutzung des Schlosses (»Wir kommen mit 65 Prozent der Flächen im Schloss aus«) und auf den Verkauf von Restgrundstücken auf der Museumsinsel.

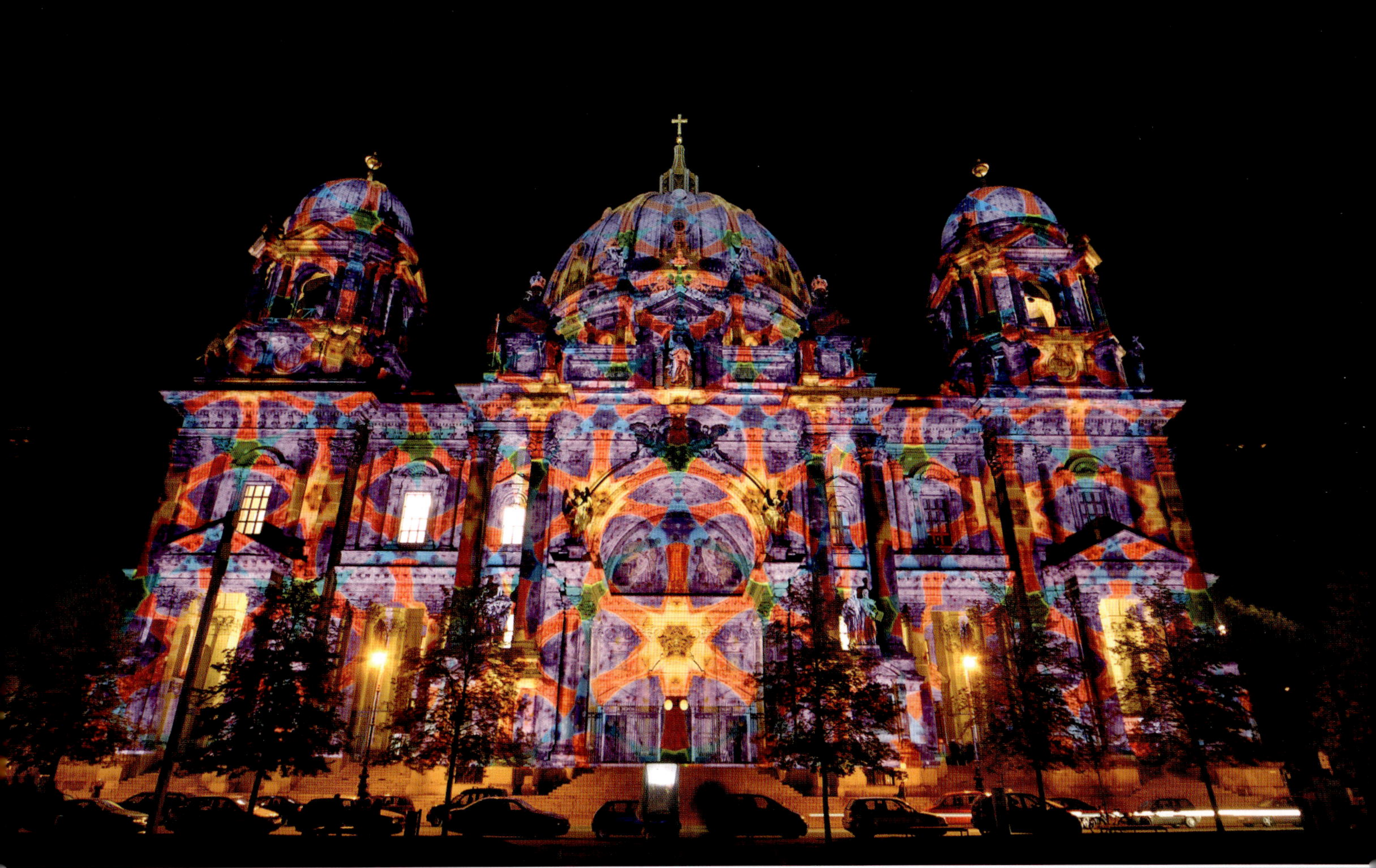

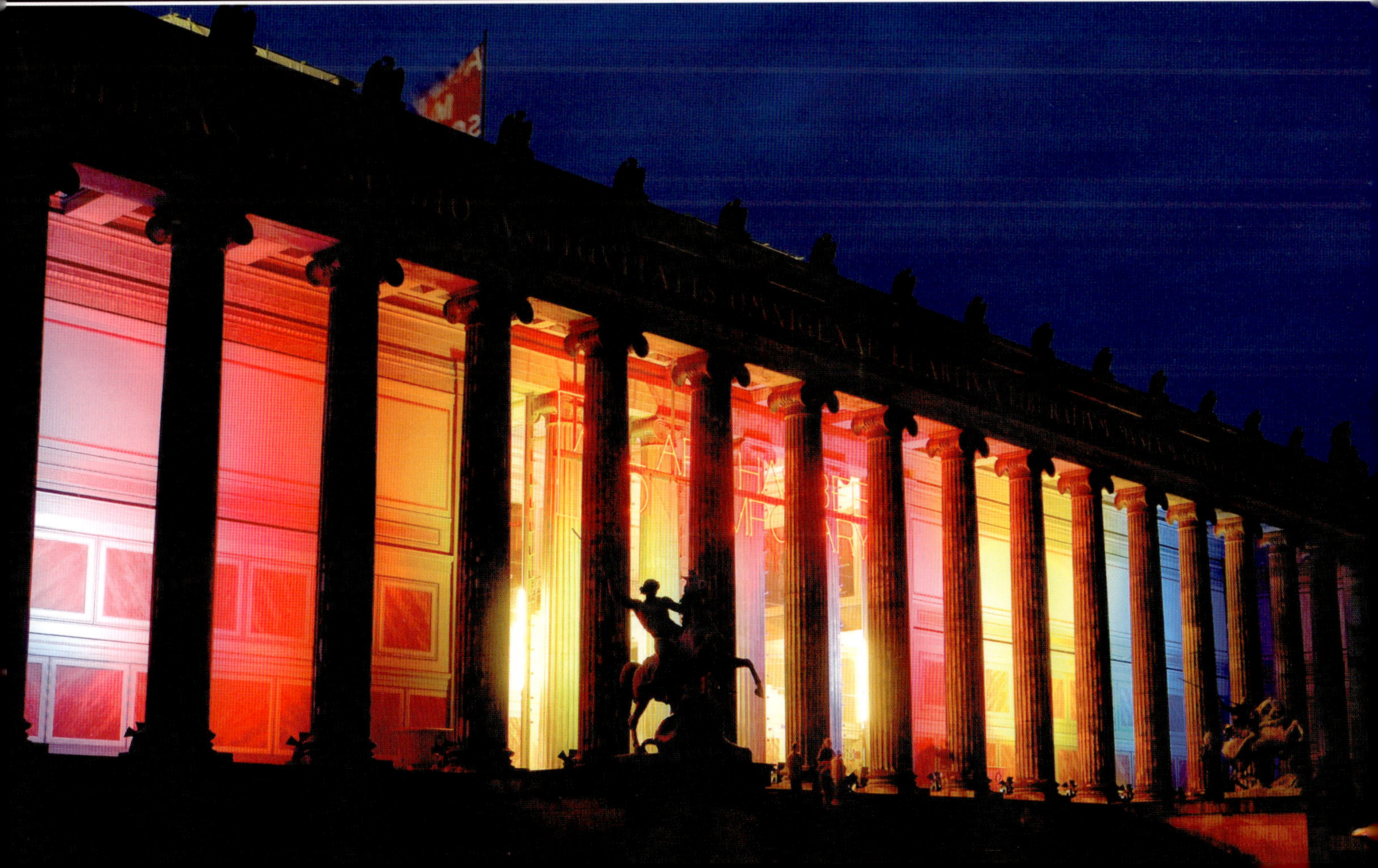

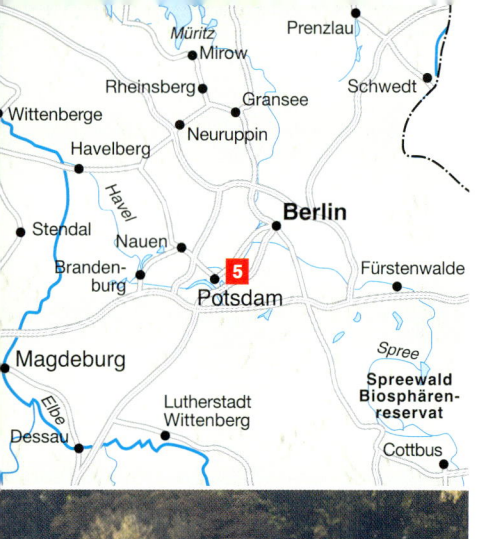

5 Schlösserpracht und Gartenlust von Sanssouci bis zum Wannsee

Potsdams Preußisches Arkadien

Es war noch eine Aktion beider deutscher Staaten, mit der die »Schlösser und Parks von Potsdam und Berlin« in die Welterbe-Liste Eingang fanden. Die Deutsche Demokratische Republik stellte 1989 den Antrag für Potsdams Schlösser und Gärten, die Bundesrepublik für die Glienicker Schlossanlagen und für die Pfaueninsel. Schon zwei Monate nach der Wiedervereinigung stimmte die UNESCO der Aufnahme in die Welterbe-Liste zu, später noch für weitere Potsdamer Stätten: für die Dörfer Lindstedt und Bornstedt, die Sacrower Kirche und das Pfingstberg-Belvedere.

Das goldene Gartenglück der Schlösser in Glienicke und Potsdam: Löwe vorm Schloss Glienicke, erbaut von Schinkel für Prinz Carl von Preußen (oben), Chinesisches Teehaus im Park von Sanssouci (unten). Rechte Seite: Weinbergterrassen vor Schloss Sanssouci, der liebste Aufenthaltsort von König Friedrich II.

Eine romantische Wildnis, die sich aus Eichen, Unterholz und allerlei Schlinggewächs zusammensetzte. An manchen Stellen urwaldartig, undurchdringlich. Um das ganze Eiland zog sich ein Gürtel von Uferschilf, darin wildes Geflügel zu Tausenden nistete. Dann und wann, wenn im Grunewald die Jagd tobte, schwamm ein geängsteter Hirsch über die Schmalung an der Südwestspitze und suchte Schutz bei der Einsamkeit der Insel.« So erzählt Theodor Fontane von der Havelinsel nordwestlich von Glienicke, bevor sie zur Pfaueninsel, zu einem königlichen Parkjuwel samt Lustschlösschen und Menagerie, avancierte. Die Verwandlung von urtümlicher Natur und Wildnis in eine der schönsten Schlosslandschaften nicht nur Europas, sondern weltweit – das ist

ein Stück Hohenzollerngeschichte ganz im Zeichen von Gartenkunst und Kunstliebe. Ein Gutteil Repräsentationswillen war gewiss mit im Spiel, er hielt sich aber im Gleichgewicht mit dem Verlangen der Monarchen nach ungestörtem privatem Lebensgenuss. Zum Gelingen dieser bis heute bewundernswert harmonischen Verwandlung trug eine Schar von Architekten, Gartenkünstlern und Kunsthandwerkern bei, angefangen bei dem Freund Friedrichs II., Georg Wenzeslaus von Knobelsdorff, dem Erbauer von Sanssouci.

Wenn man König ist: Sanssouci

Wie schön man sein Leben gestalten kann, wenn man König ist und über

Oben: Spätes Schloss der Hohenzollern, der Cecilienhof im Landhausstil, mit jugendstilnahem Dekor. Mitte und unten: Prächtig wurde das verfallende Belvedere auf dem Pfingstberg mit seinen korinthischen Säulen wiederhergestellt. Rechte Seite (links): Sanssouci-Teehaus und Laube mit betendem Jüngling (rechts).

Geschmack, Stilgefühl und Mittel genug verfügt, hat kaum ein anderer Monarch so genial demonstriert wie Friedrich II., den man auch deshalb den »Großen« nennen mag. Noch nicht 30-jährig, aber schon König, führte er Kriege gegen Maria Theresia, annektierte Schlesien und schuf sich seit dem Jahr 1744 mit Sanssouci eine Residenz von privatem Zuschnitt – ohne Prunk und forcierte Repräsentation. Ein »Anti-Versailles« hat man Sanssouci genannt, wo Friedrich II. in ländlicher Umgebung im Einklang mit der Natur leben konnte, in seinem »Weinbergslusthaus«, wie er selber sagte. Im Freundeskreis diskutierte man eloquent über Literatur, machte Musik oder philosophierte. Schon im Jahr seines Einzugs, 1747, unterzeichnete der König mit »Philosophe de Sanssouci«. Das hieß jedoch nicht, die Regierungsarbeit zu vernachlässigen, Friedrich war auch in Sanssouci »der erste Diener des Staates«.

»Sans Souci«, sorgenfrei, steht über dem Mittelportal des Sommerschlosses und meint auch die Totengruft, die sich der König zugleich erbauen ließ. »Quand je serai là, je serai sans souci« (wenn ich dort bin, werde ich keine Sorgen haben), soll er seinem Freund, dem Marquis d'Argens, anvertraut haben. In der Nähe der Gruftkammer wurden seine Lieblingshunde, die Windspiele, bestattet, eines sogar in der Gruft selbst, in die Friedrichs sterbliche Reste erst am 17. August 1991, 205 Jahre nach seinem Tod, unter viel Aufsehen gebettet worden sind. Über den eigens angelegten Weinbergterrassen erhebt sich der Schlossbau als eine Gartenresidenz mit

zwölf hohen Fenstertüren, aus denen der König direkt ins Freie treten konnte. Lachende Bacchantenfiguren tragen das Gebälk, die Mittelkuppel über dem aus der Fassade vorschwingenden Marmorsaal signalisiert königlichen Rang. Als »Friderizianisches Rokoko« hat man die Innenarchitektur und Ausstattung bezeichnet, dem kreativen Anteil gemäß, den der König an seinem Schlossbau hatte.

Von eleganter, delikater Schönheit sind die Räume des Ostflügels, Audienz-, Konzert- und Arbeitszimmer (in dem der König auch starb), der Alkoven, die kreisrunde, mit Zedernholz getäfelte Bibliothek und – im Westflügel – das Voltairezimmer (doch der berühmte Philosoph reiste 1753 im Streit mit dem König aus Sanssouci ab). Antoine Pesne malte Wandbilder. Leider ist das königliche Arbeitszimmer, in dem Friedrich auch sein Feldbett hatte, von seinem Nachfolger klassizistisch umgestaltet worden.

Sanssouci ist das Herzstück der Welterbestätte – samt dem Park und der Fülle seiner Statuen, Wasserkünste und Parkarchitekturen. Immer wieder wird das prächtig restaurierte Chinesische Haus bewundert. Die Bildergalerie, nur wenige Schritte vom Schloss entfernt, war der erste selbstständige Galeriebau Europas. Friedrich II. ging an Regentagen zwischen den Bildern spazieren. Man hat ihre historische Hängung – Rahmen an Rahmen bis zur Decke hinauf – beibehalten. Wollte der König ein Bild intensiv betrachten, ließ er es sich auf eine Staffelei stellen.

Vom Neuen Palais zur Pfaueninsel

Die Orangerie (später umgebaut zu den Neuen Kammern) und das 240 Meter lange Neue Palais, ein Gästeschloss mit Hunderten von Zimmern am Westrand des Parks, gab Friedrich II. selbst in Auftrag. Der König distanzierte sich freilich von der eigenen Triumphalarchitektur, nannte das Neue Palais eine »Fanfaronade«, eine Prahlerei. Viel später, von 1889 bis zum Ende seiner Herrschaft 1918, bewohnten Kaiser Wilhelm II. und seine Gattin Auguste Viktoria den Palast. Im Nordwesten des Parks ließ Friedrich II. noch das Drachenhaus und dazu das Klausberg-Belvedere erbauen.

Ein Name wie Klausberg suggeriert mehr Höhe, als im Brandenburgischen anzutreffen ist. Hier sind die Berge nur Hügel und den Landschaftszauber schaffen die Wasserläufe, die Seen und Buchten. Folgt man dem Zeitablauf, in dem das preußische Arkadien entstand, ist nach Sanssouci die Pfaueninsel das nächste Ziel. Sie ist die königliche Schöpfung Friedrich Wilhelms II. (regierte 1786–1797, er war der Neffe von Friedrich II.). Die Pläne für das Schloss

im Inselpark, diese künstliche hölzerne Ruine mit einer spitzbogig verzierten Brücke zwischen den beiden Türmen, stammten aber wohl nicht vom König, sondern von Madame Wilhelmine Ritz, geborene Enke (1753–1820). Sie war die sehr schöne Tochter eines Hornisten im Königlich Preußischen Kammerorchester und die Geliebte des Königs bis zu seinem Tod. Die Dame wurde von ihm zur Gräfin Lichtenau geadelt, später ließ der Sohn des Königs sie jahrelang inhaftieren.

Das Gartengenie

Erst Peter Joseph Lenné (1789–1866), der im Pensionsalter zum Generaldirektor der königlichen Gärten in Preußen avancierte, gestaltete die Pfaueninsel zu einem Landschaftsgarten, wie sie sich noch heute darbietet, samt den namengebenden Pfauen. Sie hätte auch Känguru-, Affen- oder Päreninsel heißen können, hatte doch auf dem nicht einmal einen Quadratkilometer großen Eiland Friedrich Wilhelm II. sowohl eine kleine Landwirtschaft mit Kühen als auch ein exotisches Bestiarium unterge-

Oben, unten und rechte Seite oben: Jeder Sommertag an Potsdams Seen, in Potsdams Gärten ist ein Festtag – in Sanssouci wie im Neuen Garten, am Hasengraben-Kanal. Mitte: Im Schlosspark von Glienicke trifft man diese Marmorgöttin mit ihrem Füllhorn. Rechte Seite unten: Im Neuen Garten die römisch inspirierten Tempelsäulen.

bracht. Sein Enkel, Friedrich Wilhelm IV. (regierte 1840–1861, erlitt 1857 einen Schlaganfall und wurde danach von seinem Bruder Wilhelm vertreten, der in Versailles als Wilhelm I. zum Kaiser gekrönt wurde), schickte die wilden Tiere 1842 nach Berlin, als Grundstock des zwei Jahre später eröffneten ersten deutschen zoologischen Gartens. Lenné, der große Gartenmeister, geborener Rheinländer, war erfüllt von der Idee des naturnahen englischen Landschaftsgartens. Er schuf die Weg- und Sichtverbindungen, die die Parkanlagen des preußischen Arkadiens miteinander verbanden. Das betraf die neuen Schöpfungen des romantisierenden, italienbegeisterten Friedrich Wilhelm IV., der im Osten des Sanssouci-Parks die Friedenskirche (von Ludwig Persius) mit dem Marlyschlösschen und im Süden das Schloss Charlottenhof (nach Entwürfen von Karl Friedrich Schinkel) errichten ließ. Es betraf auch die Römischen Bäder und nordöstlich außerhalb von Sanssouci den Pfingstberg mit dem Belvedere (von Ludwig Persius und anderen), zu dem eine Romreise den König inspiriert hatte. Während der DDR-Jahrzehnte war das Pfingstberg-Ensemble fast verfallen, nach der Wende wurde es in jahrelanger Arbeit bis 2005 restauriert. Vom Pfingstberg hat man den besten Rundumblick über die Parks von Potsdam, die Havelseen und Schlösser, bis nach Berlin kann man sehen! Am Südhang ist auch der kleine Pomonatempel wieder zugänglich, vermutlich ist er Schinkels erstes Werk und wurde 1801 erbaut. Vom Pfingstberg ist es nicht weit zum Heiligen See und zu dem Marmorpalais von Friedrich Wilhelm II. (Architekt: Carl von

Gontard) oder zum Schloss Cecilienhof, dem letzten Schlossbau der preußischen Geschichte (Architekt: Paul Schulze-Naumburg). Über dem südlichen Havelufer – hier Tiefer See genannt – erhebt sich das restaurierungsbedürftige neugotische Schloss Babelsberg (von Carl Friedrich Schinkel 1833 für Prinz Wilhelm entworfen). Jenseits der Glienicker Lake, schon auf Berliner Boden, blieb das barocke Jagdschloss Glienicke erhalten, 1682 wurde es für Kurfürst Friedrich III. erbaut. Im Auftrag des preußischen Prinzen und Antiken-Sammlers Karl von Preußen verwandelte Schinkel ein einstiges Gutshaus des Jagdschlosses in die Sommerresidenz Glienicke. Zahlreiche Parkbauten umrahmen Glienicke: die goldglänzende Löwenfontäne, die Aussichtspunkte Große und Kleine Neugierde, ein Kasino, ein Maschinenhaus, Brunnen und mehr. Preußischer Klassizismus bestimmt die Szene, markant ist vor allem der Rundtempel der »Großen Neugierde«. Vom Schauen und Spazieren ermüdet? Besucher dürfen sich an zwei Adressen von königlicher Herkunft stärken. Das Blockhaus Nikolskoe, gegenüber der Pfaueninsel, ist ein Stück Zaren-Russland am Rande Berlins, schon 1819 erbaut von Friedrich Wilhelm III. für seinen Schwiegersohn, den späteren Zaren Nikolaus I., und deswegen Nikolskoe (»Nikolaus zugehörig«) benannt. Von dessen Kutscher wurde es ungenehmigt als Schankwirtschaft benutzt, der Ausschank später legalisiert. Nikolskoe brannte vor einigen Jahren ab, konnte aber rekonstruiert werden. Die Ausflugswirtschaft »Moorlake« hat eine ähnlich lange Vergangenheit. Sie war königliches Forsthaus, erbaut von Persius.

6 Bewahrtes in Eisleben und Wittenberg

Auf Martin Luthers Lebensspur

Die Weltgeschichte sucht sich öfters Orte abseits der großen Herrschafts- und Wirtschaftszentren aus, um Umbrüche von ungeahnten Ausmaßen beginnen zu lassen. So auch vor bald 500 Jahren zwei kleine Städte, östlich vom Harz die eine, an der Elbe die andere. Hier nahm Martin Luthers Erneuerung der christlichen Kirche ihren Anfang – und jeder kann noch sehen, wie die Spannweite seines Lebens beschaffen war.

Fast hübsch ist Eisleben anzusehen, idyllisch, wenn auch mit traurigen Armutswinkeln, ein Städtchen zwischen Berg und Tal und Geburtsort des großen Reformators Martin Luther. Der steht in Bronze überlebensgroß seit 1883 auf dem zur Andreaskirche ansteigenden Marktplatz. In Eisleben wurde Luther als Sohn eines einfachen Bergmanns aus dem Thüringischen geboren. In Eisleben starb der Reformator am 18. Februar 1546 mit 62 Jahren, nachdem er noch einen Streit in der Familie der Grafen von Mansfeld geschlichtet hatte.

Ziemlich genau viereinhalb Jahrhunderte später, 1996, nahm die UNESCO die Luther-Gedächtnisstätten in Eisleben und Wittenberg in die Liste des Welterbes auf. Mit den Stätten in Eisleben hatte es seine besondere Bewandtnis. Denn das Geburtshaus war ein schwerer Pflegefall und die Generalsanierung

überfällig. Seit 2007 ist es – nach einem Brand 1693 schon einmal wiederaufgebaut – wieder zugänglich, mit neuem Zugang, der den Blick rechts auf das Geburtshaus und sein Sandsteinportal, in der Mitte auf ein neues Ausstellungsgebäude und links auf die historische Armenschule öffnet. Gegenüber auf der anderen Straßenseite befindet sich ein modernes Besucherzentrum.

Schwieriger war es mit dem vermeintlichen Sterbehaus in der Andreasstraße. Es ist heute »ein Museum, das an den Tod Luthers erinnert«, und die Ausstellungsräume sollen umgestaltet werden. Genaues Nachforschen hatte ergeben, dass Hausnummern verwechselt worden waren. Ein vielleicht entschuldbarer Irrtum, weil Luther in zwei benachbarten Häusern Quartier bei Verwandten beziehen konnte, das echte Sterbehaus aber abgebrannt und durch einen weit grö-

Eine frühe deutsche Bibel (oben) und ein Blick in das Haus in Eisleben gegenüber der Andreaskirche, das lange als Sterbehaus Luthers galt (unten) – jetzt ist es »ein Museum, das an den Tod Luthers erinnert«. Rechte Seite: Als mächtiger Prediger steht der Reformator in Bronze neben Melanchthon auf dem Wittenberger Marktplatz.

The book reads:

Das Neue
Testament
verdeutscht
von
Doktor
Martin Luther

Der Bücher
des Alten
Testaments
G. D. G.

Blick in die Wittenberger Schlosskirche (oben) auf den Marktplatz mit Rathaus und der Stadtkirche St. Marien (rechte Seite) und in das vermeintliche Eislebener Sterbehaus (unten) – die Namen der Luther-Verwandten und Hausnummern waren von den Chronisten verwechselt worden. Mitte: »Lutherhalle« im Lutherhaus in Wittenberg.

ßeren, prächtigeren Neubau ersetzt worden war. Der Bauherr war Hüttenbesitzer, dann erwarben die Grafen von Mansfeld den schlossähnlichen Bau. Nach der Wiedervereinigung ist es zum »Hotel Graf von Mansfeld« geworden. Etwa an der Stelle des heutigen Musiksalons befand sich im Vorgängerhaus wohl Luthers Sterbezimmer.

Luther überall

Von Eisleben zog die Familie Luther schon bald nach Martins Geburt nach Mansfeld, wo der Vater Karriere als Bergbauunternehmer machte. Nach Eisleben kam der Reformator oft, aber nur zu kurzen Aufenthalten. Schon 1512 wurde er – seit 1505 Mönch im Erfurter Augustinerkloster – zum Distriktsvikar der Augustinerkonvente ernannt und hatte damit auch die Aufsicht über das neu geweihte Kloster Eisleben. Das Städtchen am östlichen Harzrand blieb ihm Heimat.

In Wittenberg übernahm Luther 1512 die Professur für biblische Theologie, 1508 hatte er dort schon Vorlesungen gehalten. Die Stadt wurde sein Lebensort, sie nennt sich seit 1938 Lutherstadt (wie auch Eisleben!). Ganz zu recht, wie man schon beim ersten Rundgang erfährt. An der repräsentativen Achse Schlossstraße/Collegienstraße reihen sich die mit Luthers Leben verbundenen Stätten wie das kurfürstliche Schloss Friedrichs des Weisen, die Schloss- und Universitätskirche, der Marktplatz und die Stadtkirche. Auch die Alma Mater Leucorea, die damals junge, erst 1502

gegründete Universität und das Lutherhaus, Teil des ehemaligen Augustinerklosters und späteren Collegium Augusteum, wo der Reformator fast 35 Jahre lebte und lehrte, findet man hier.

Lucas Cranach hat Luther immer wieder porträtiert, man meint Luther auch in Cranachs Abendmahlsbild am großen Flügelaltar in der Stadtkirche zu erkennen; im Predellabild darunter ist er als Prediger dargestellt. Der hochgelehrte Philipp Melanchthon war Luthers jüngerer Kollege, Mitarbeiter und Freund – beide Häuser, Cranachs wie auch Melanchthons, können besucht werden. Sie sind mit ihren freundlichen kleinen Gärten Beispiele solider Bürgerwelt der Lutherzeit.

Ablass und Fegefeuer

Luther war ein beliebter Professor, seine kräftige, bilderreiche Sprache kam gut an. Auch dass er manchmal auf Deutsch lehrte, gefiel den Studenten. Seine Frömmigkeit, die ihn zum Mönch werden ließ, war stark, er wollte ein gehorsamer Sohn von Kirche und Gott sein. Das bedeutete für ihn auch, gegen Missbräuche im kirchlichen Leben zu protestieren wie den Ablasshandel, der den Käufern der Ablasszettel eine Verkürzung des Fegefeuers versprach. Als Luthers Kritik ohne Antwort blieb, schrieb er im Jahr 1517 seine 95 Thesen. Ein damals übliches Verfahren, um eine Disputation über das Thema zu erreichen. Diese 95 Thesen soll Luther an die Tür der Universitätskirche geheftet haben. Das trifft wohl so nicht zu,

doch vor dieser – 1851 erneuerten – Kirchentür verharren die Menschen seit Jahrhunderten in Ergriffenheit. Unzweifelhaft ist aber die »gewaltigste Sprengkraft« dieser Thesen, weil »Luther mit ihnen den grundsätzlichen Angriff gegen das ganze päpstliche Finanzwesen begann, dessen ergiebigste Quellen in Deutschland sprudelten« (Hellmut Diwald in seiner Luther-Biografie).

Der päpstliche Bann, der verweigerte Widerruf in Worms, Reichsacht und Wartburgzeit folgten. Luther, unterm Schutz seines Kurfürsten, konnte 1522 in das Haus an der Stadtmauer zurückkehren, das man als Lutherhaus samt getäfelter Lutherstube kennt – und doch nicht ganz kennt, wenn man nach 2005 nicht mehr dort war. Denn es war eine archäologische Sensation, als 2004 bei Gartenarbeiten ein Anbau an das Lutherhaus entdeckt und freigelegt wurde, der mehrere heizbare Stuben, Luthers Arbeitszimmer und Küchenräume umfasste. Jetzt steigt man über Treppen vom Hof hinab in diese lang verborgen gebliebenen Räume, blickt in eine hochprofessionell aufbereitete, mit Schautafeln und Modellen erhellte Vergangenheit.

Eindruck macht zum Beispiel die lange Tafel, an der Luther mit seinen Angehörigen, seinen Studenten und mit manchen Armen oder Zufallsgästen aß. Seine Frau Katharina, die abtrünnige Nonne, die er 1525 geheiratet hatte, war rastlos bemüht, diesen Riesenhaushalt zu lenken. Im Hof gab es Viehställe, auch gebraut wurde unter Aufsicht Katharinas, und oft wurde sie von ihrem Ehemann »Herr Käthe« genannt: »Und gedacht, wie gut Wein und Bier ich hab daheim«, schrieb Luther 1534 auf einer Reise nach Dessau, »dazu eine schöne Frau oder sollt' ich sagen Herren.« Und auch: »Ich wollte meine Käthe weder gegen Frankreich noch gegen Venedig eintauschen.«

Schön und lebenstüchtig steht Katharina Bora im grünen Innenhof des ehemaligen Klosters, eine Bronzeskulptur von Nina Koch, 1999. Ihrem Gatten hat Katharina 1540 einen neuen Portaleingang bauen lassen, mit dem Wappen – der Lutherrose – und seinem Porträt.

WOHNEN IN HISTORISCHEN MAUERN

50 komfortable Zimmer im »Hotel Graf Mansfeld«, in einem herrschaftlichen Ambiente samt Kunstwerken.
Hotel Graf Mansfeld: Markt 56, Stadtschloss, 06295 Lutherstadt Eisleben, Tel. 0 34 75-25 07 22, Fax 0 34 75-25 07 23

Der »Schwarze Bär« war schon 1520 als Stadthotel bekannt, in bester Lage gleich beim Marktplatz.
Schwarzer Bär: Schlossstraße 2, 06886 Lutherstadt Wittenberg, Tel. 0 34 91-4 20 43 44, Fax 0 34 91-4 20 43 45, E-Mail: koppe@stadthotel-wittenberg.de, www.stadthotel-wittenberg.de

AUSKUNFT

Fremdenverkehrsverein Lutherstadt Eisleben/Mansfelder Land: Bahnhofstraße 36, Tel. 0 62 95-1 94 33, Fax 0 62 95-60 26 34, E-Mail info@eisleben-tourist.de, www.eisleben-tourist.de
Wittenberg-Information: Schlossplatz 2, 06886 Lutherstadt Wittenberg, Tel. 0 34 91-49 86 10, Fax 0 34 91-49 86 11

7 | Das Wörlitzer Gartenglück

Ringsum Dessau: Parklandschaft von unendlicher Weite

Bei Dessau ist etwas Einzigartiges gelungen: Aus einem halben Dutzend Schlössern und Parks, die mit ihrem Grün Dessau in drei Himmelsrichtungen umfangen und sich von dort noch weit nach Osten erstrecken, ist das Gartenreich Dessau-Wörlitz entstanden. Begonnen hat dies im frischen Wind der Aufklärung ein junger Fürst, Leopold III. Friedrich Franz von Anhalt-Dessau, vor fast 250 Jahren. Im Jahr 2000 erklärte die UNESCO das Gartenreich zum Weltkulturerbe – eine ihrer besonders wichtigen, weil Schutz leistenden Entscheidungen.

Für den jungen Fürsten und Freund Franz von Anhalt entwarf Friedrich Wilhelm von Erdmannsdorff das Wörlitzer Schloss – der Klassizismus kam nach Deutschland! Unten: Repräsentation im Schloss. Rechte Seite unten: Der Fürst wollte anschaulich Kenntnisse verbreiten, über Baustile zum Beispiel, darum baute er in seinem Park das »Gotische Haus«.

So verschieden gerieten Großvater und Enkel: Fürst Leopold I. von Anhalt-Dessau, besser bekannt als der »Alte Dessauer«, trimmte die preußische Armee auf Gleichschritt, sein Enkel Leopold III. Friedrich Franz von Anhalt-Dessau wollte von militärischen Lorbeeren nichts wissen und wurde schon als 24-Jähriger zum Schrittmacher des modernen Landschaftsparks. Das war im Jahr 1764, kurz nach dem Ende des Siebenjährigen Krieges. Zum Glück blieb das 112 Hektar große Parkgelände von Wörlitz, das Herzstück des Dessau-Wörlitzer Gartenreichs, bis heute erhalten und in der Grundstruktur unverändert – so, wie schon Goethe es erlebt und bewundert hat. Acht Mal hat sich der Dichter und Weimarer Minister in der Wörlitzer Sommerresidenz aufgehalten, zumeist als Begleiter Herzog Carl Augusts, der mit den Dessauer Vettern eng befreundet war.

Warum ein Park gerade bei Wörlitz? Schon zu Beginn der Parkwanderung fallen die großen Wasserflächen ins Auge.

Die Auwiesen und Altwasser der Elbniederung gaben den Ausschlag, als Fürst Franz sich mit seinem fast gleich jungen Architekten Friedrich Wilhelm von Erdmannsdorf (1736–1800) für das Gelände bei dem heute über tausend Jahre alten Städtchen Wörlitz entschied. Erdmannsdorf hatte in England den englischen Landschaftspark kennengelernt, mit Fürst Franz begeisterte er sich in Italien an den römischen Bauten und an den Schöpfungen Andrea Palladios, der ihre antike Schönheit im 16. Jahrhundert erneuert hatte. Der »Palladianismus« sprang von Oberitalien nach England über, nichts stand einem Herrenhaus besser zu Gesicht als eine Säulenvorhalle unter antikisierendem Giebel.

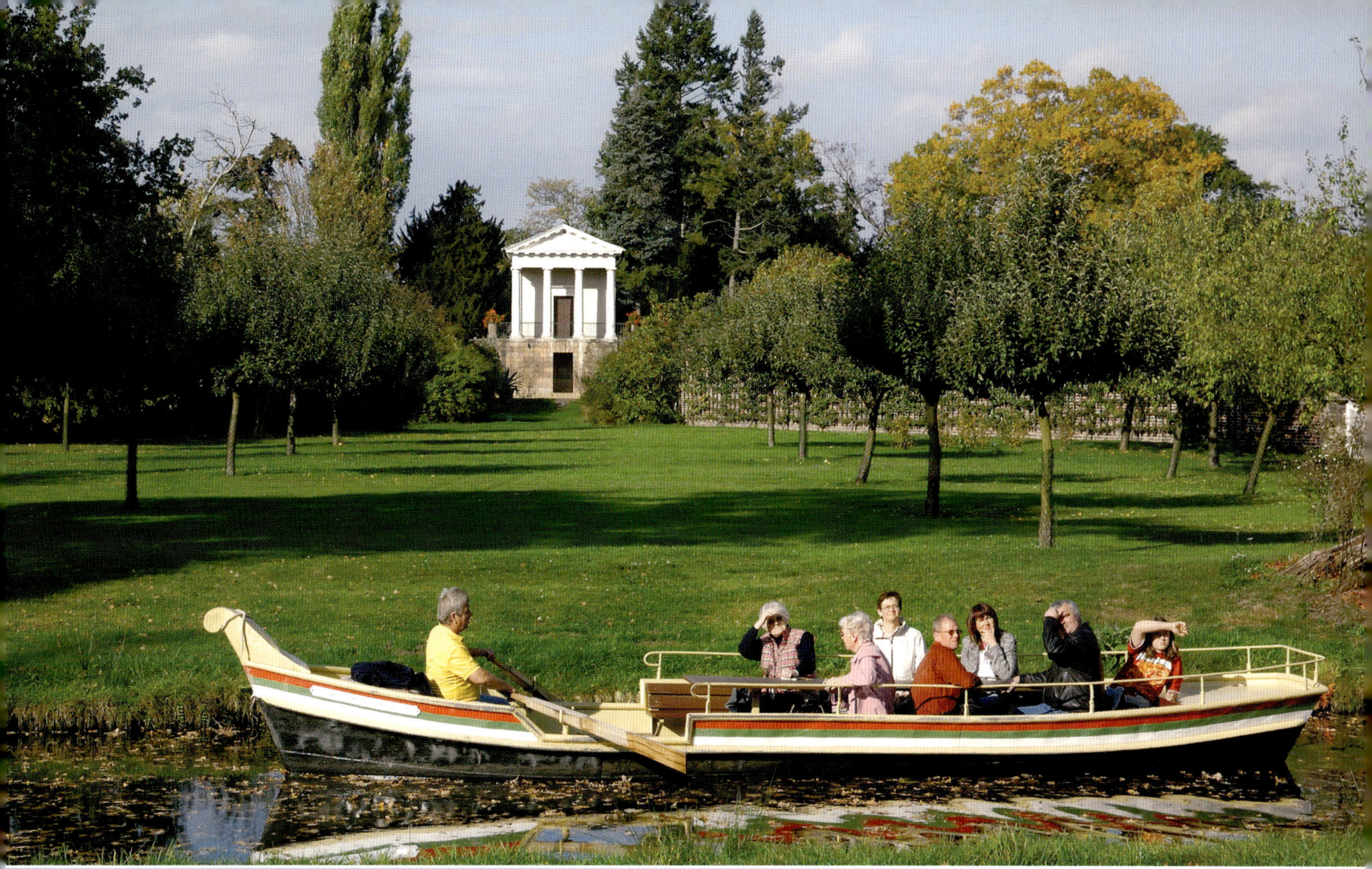

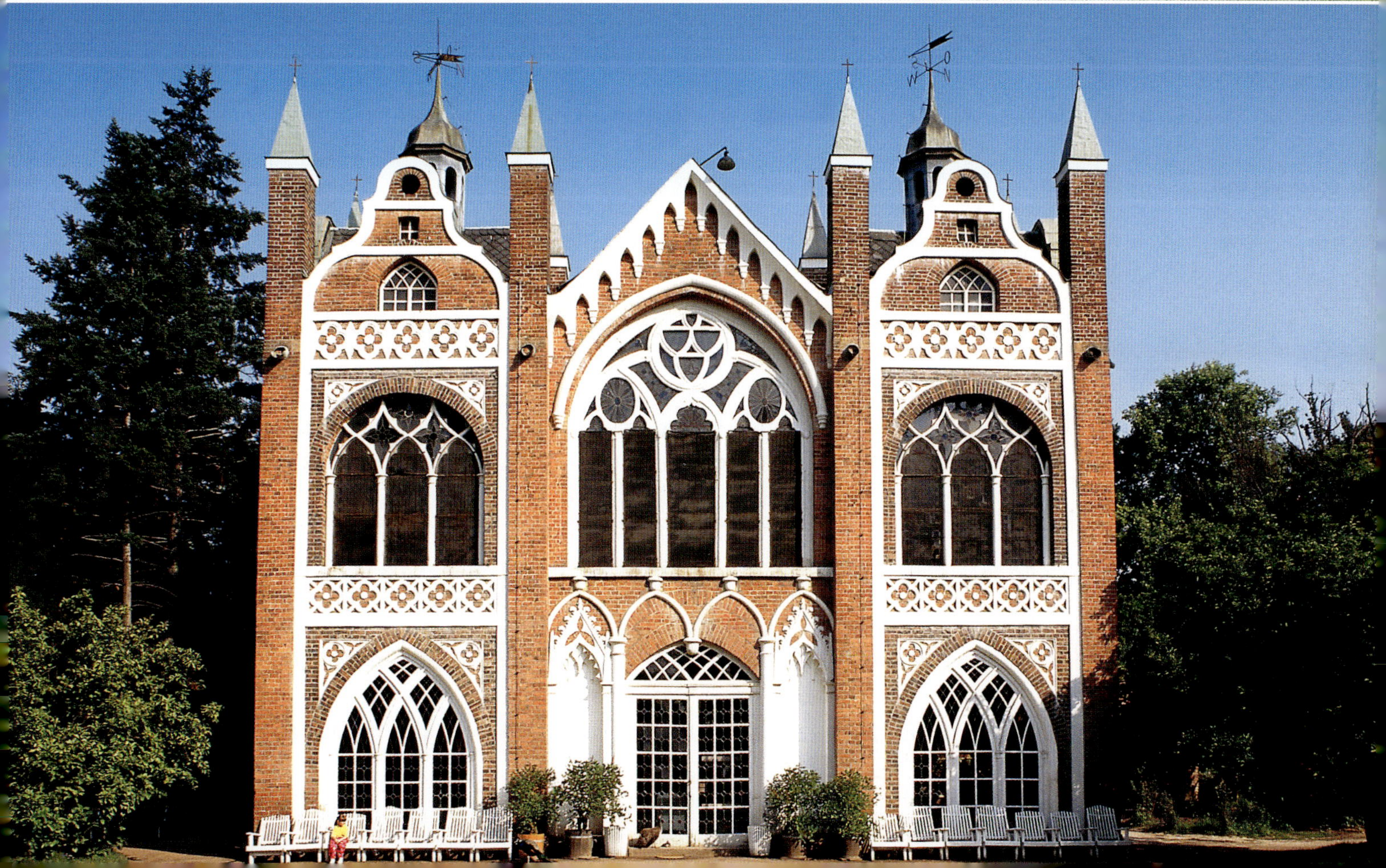

Oben und rechte Seite: Der einstige barocke Inselgarten von Oranienburg wurde nach den Ideen des englischen Gartenbauers Sir William Chambers zu einem englisch-chinesischen Garten mit fünfgeschossiger Pagode, zahlreichen Bogenbrücken und einem vom Wasser aus befahrbaren Teehaus umgestaltet. Unten: Im Inneren der Kirche St. Petri.

Erlebnispark besonderer Art

Mit einem Gartenplan von der Wörlitz-Information macht man sich ostwärts zum schön restaurierten Markt auf und kommt von dort nordwärts in den Park und auf das klassizistische Schloss zu – eines der besten Beispiele des frühen Palladianismus in Deutschland. Im Schloss findet man auch praktische Novitäten, richtete sich Fürst Franz doch »modern« ein, mit angelsächsischen Schiebefenstern, einem Lastenaufzug und einem Eisschrank. Zugleich handelte er sozial und öffnete sein Schloss – bis auf die privaten Räume – ebenso wie den Park für die Wörlitzer.

Die Parkwanderroute am See entlang führt zu Stätten und Symbolen von Aufklärung, Toleranz und Kunst: zu einer Synagoge, die noch bis zum Anfang des 20. Jahrhunderts genutzt wurde, zum Pantheon, wo die »Freunde von Natur und Kunst« mit ägyptischen und griechischen Kunstwerken zurück zu den Ursprüngen geführt wurden, zur Rousseau-Insel mit dem Denkmal des Philosophen. Kunstvoll ist die Insel Stein mit Grotten, einem Theater und einem Feuerwerksvulkan ausgestattet. Sie ist eine gebaute Erinnerung des Fürsten Franz an Vorbilder im Umkreis von Neapel. Jüngst konnte auf diesem Inselchen die Villa Hamilton wieder geöffnet werden – ein besonderes Juwel des frühen Klassizismus. Dessen Original im Golf von Neapel gehörte dem britischen Diplomaten William Hamilton, dem Gatten der schönen Lady Emma. Abseits zeigt ein Bauerngehöft, wie Schönes und Nützliches verbunden werden können.

Landwirtschaft, Kunst und Bildungsimpulse finden im Wörlitzer Parkkonzept zusammen.

Auf den übergrünten Erdwällen, die den Park vor Elbehochwasser schützen, kommt hier ein Tempelchen mit einer Kopie der Venus von Tivoli, dort die Luisenklippe, da das Gemäuer einer romantischen Eremitage in den Blick. Eine Kettenbrücke über eine Schlucht erfordert Courage; vor dem prächtig renovierten »Gotischen Haus« ist man plötzlich mit dem Mittelalter konfrontiert und zwischen Labyrinth und Elysium darf man über das Leben sinnen: »Wähle, Wanderer, deinen Weg mit Vernunft«, heißt es, und: »Hier wird die Wahl schwer, aber entscheidend«.

Ein Tag ist immer zu wenig

Zu wählen hat der Besucher jedenfalls unter der Fülle des Sehenswerten, der Vielzahl möglicher Aktivitäten. Die Kulturstiftung Dessau-Wörlitz war schon in den 1920er-Jahren nach der »Fürstenabfindung« der abgedankten Adelsherren entstanden und ist nach dem Ende der DDR neu ins Leben gerufen worden. Durch die jüngst vollzogene Übertragung von mehr als 7000 Hektar land- und forstwirtschaftlicher Flächen vom Land Sachsen-Anhalt in das Eigentum der Kulturstiftung sind ihre Aufgaben deutlich mehr geworden. Sie ist nicht nur in der Denkmalpflege und Erhaltung des »Gartenreichs« tätig, sondern auch in der naturnahen Landespflege, in Zusammenarbeit mit dem UNESCO-Biosphärenreservat Mittlere Elbe.

Den Besuchern bietet die Kulturstiftung einen bunten und breiten Programmfächer. Es sind übrigens rund zwei Millionen Menschen im Jahr, für die thematische Führungen, Vorträge, besondere Ausstellungen, Seekonzerte und vieles andere mehr vorbereitet werden. Auch gibt es einen ausgeschilderten Fürst-Franz-Radwanderweg, Picknickplätze, Badeseen, Kutsch-, Gondel- und Heißluftballonfahrten. Man kann reiten, Tennis spielen, ein Boot ausleihen und bei frühzeitiger Anmeldung auch eine Ferienwohnung in einem Parkgebäude beziehen. Das Prospekt- und Informationsangebot der Kulturstiftung ist von wirklich bester Qualität.

Das gilt für Wörlitz wie auch für die anderen Schlösser des Gartenreichs: Für Schloss und Park Mosigkau, eines der letzten Rokokoschlösser Mitteldeutschlands; für den Landschaftspark Großkühnau samt See; für Schloss und Park Georgium, mit einer Galerie alter Meister von Lucas Cranach bis zur Romantik; Schloss und Park Luisium, ein Geschenk des Fürsten Franz an seine Gattin Luise; für den Sieglitzer Berg mit seinen Toren und stiller Waldeinsamkeit und für Schloss und Park Oranienbaum, mit Orangerie und Chinoiserien.

Als Goethe im Mai 1778 den Wörlitzer Park durchwanderte, war alles noch recht neu, die Bauten ohne Patina und die Baumstämme noch schlank. Doch Goethe war dem Zauber des Parks verfallen: »Hier ist's jetzt unendlich schön. Mich hat's gestern Abend, wie wir durch die Seen, Kanäle und Wäldchen schlichen, sehr gerührt, wie die Götter dem Fürsten erlaubt haben, einen Traum um sich herum zu schaffen. Es ist, wenn man so durchzieht, wie ein Märchen …«

Augen auf – hinter jeder Baum-
gruppe entdeckt man wieder eine
andere architektonische Rarität.

Leicht, licht, klar, funktionell – so bauten die Bauhaus-Architekten des ersten Jahrzehnts des 20. Jahrhunderts. Glas und gerundete Formen sind für das »Kornhaus« in Dessau charakteristisch (oben). Rechte Seite: Die Türen zur Aula des Bauhauses, mit minimalem Materialaufwand für die Deckenbeleuchtung.

8 Gründer in Weimar und Dessau

Beste Bauhaus-Architektur

Was Walter Gropius, der Begründer des Bauhaus, über funktionale Gestaltung von Architektur und Gebrauchsgegenständen lehrte, stimmt zuinnerst mit der Schöpfung des Dessau-Wörlitzer Gartenreichs überein – Bauhaus wie Gartenreich wollen dem Menschen eine wohnliche Welt geben, von Qualität, Schönheit und ohne entbehrlichen Luxus.

Die Anfänge lagen in Weimar: Der geniale Belgier Henry van de Velde hatte seit 1906 die Kunstgewerbeschule des Großherzogs geleitet und nach bitteren Weltkriegsjahren den Berliner Walter Gropius (1883–1969) als Nachfolger vorgeschlagen. Der prägte den Begriff »Bauhaus«, schuf das »Staatliche Bauhaus« und eine Architektur aus Kuben und rechtem Winkel und wurde zum Pionier der industriellen Formgebung. Doch 1925 musste das politisch missliebige Weimarer Bauhaus schließen.

Dessau lud Gropius ein und schon im nächsten Jahr konnte die »Hochschule für Gestaltung« mit der Arbeit beginnen – in dem von Gropius entworfenen Gebäudekomplex. Wieder gab es politische Komplikationen, auch Gropius' Nachfolger Hannes Meyer und Mies van der Rohe wurden entlassen. Der Aufstieg des Nationalsozialismus machte dem staatlich-anhaltischen Bauhaus ein Ende, 1932 wurde es dann geschlossen. Es ist erstaunlich, wie wenig dieser brüske

Abbruch den Ideen von Gropius und seinen Künstlerfreunden – Wassily Kandinsky, Lyonel Feininger, Laszlo Moholy Nagy – anhaben konnte. Sie überdauern auch im »Internationalen Stil«, an dem Gropius' Bauhaus neben Frank Lloyd Wright, dem Franzosen Tony Garnier und dem Wiener Adolf Loos starken Anteil hatte.

Neues Lernen in Bauhaus-Manier

Heute trifft man in Dessau wieder auf eine aktive Hochschule in der Bauhaus-Tradition. Gropius' lange vernachlässigter, entstellter Bau wurde aber erst 1976 saniert und in den 1990er-Jahren bis ins Detail wiederhergestellt. Denn an den Details der Beleuchtung, Belüftung, Heizung und des Mobiliars wird der praktische und ästhetische Rang der Bauhaus-Architektur wohl noch deutlicher als nur an den Fassaden. Die Stiftung Bauhaus Dessau, 1994 gegründet, ermöglicht Werkstattprojekte zu Architektur, bilden-

der und darstellender Kunst, Design und Urbanistik. Im der Stiftung zugehörigen Internationalen Bauhaus Kolleg üben Kollegiaten aus aller Welt – Architekten, Stadtgestalter, Künstler – interdiszplinäres und interkulturelles Lernen und erweitern ihr Blickfeld.

Der Dessau-Besucher findet in der einstigen Residenzstadt noch immer Ödflächen des Bombenkriegs und vernachlässigte Wohnbezirke vor. Im Kontrast dazu erfreuen Museen, Parkgrün, Kirchen – und das Dessauer Bauhaus. Führungen werden angeboten, auch in die »Meisterhäuser«, die gleichfalls von Gropius entworfen wurden, wahre Musterbauten einer geometrisch harmonisch gegliederten Architektur. Es lohnt den Abstecher in die Ebert-Allee nordwestlich vom Bauhaus, um dort in einem Kiefernwäldchen die drei einst von Kandinsky, Klee, Georg Muche, Oskar Schlemmer und Lyonel Feininger bewohnten Doppelhäuser kennenzulernen. Auch überdauerten in Dessau noch andere Bauten von Walter Gropius: das eingeschossige Halbrund des Arbeitsamts und Reste der Reihenhaussiedlung Törten.

In Weimar war dagegen den Bürgern die Bauhaus-Ära in den 1920er-Jahren wohl zu modern, es gibt nur ein einziges präsentables Wohnhaus der kurzen Bauhaus-Ära: das »Haus am Horn«, 1923 von Georg Muche am östlichen Ilmhang gebaut. Ebenso wie das »Haus am Horn« stehen auch die Jugendstilbauten der Kunsthochschule und Henry van de Veldes Kunstgewerbeschule auf der Welterbeliste. Die »Bauhaus-Universität Weimar« ist hier eingezogen. Und es gibt, vis-à-vis von Goethe-Schiller-Denkmal und Theater, ein Bauhaus-Museum in Weimar. Spannend und schön ist die Auswahl der Exponate, von Henry van de Veldes Porzellan-Kreationen bis zu Marcel Breuers hochbegehrten Stahlrohrmöbeln wie auch die der Modelle: der »Turm des Feuers« von Johannes Itten und das Bauhausgebäude in Dessau von Gropius.

AUSKUNFT

Tourist-Information Dessau: Zerbster Straße 2c, 06844 Dessau, Tel. 03 40-2 04 14 42 und 03 40-1 94 33, Fax 03 40-2 04 11 42, E-Mail: touristinfo@dessau.de, www.dessau.tourismus.de
Bauhaus Dessau: Gropiusallee 38, 06846 Dessau, Tel. 03 40-6 50 82 51, Fax 03 40-6 50 82 26, E-Mail: besuch@bauhaus-dessau.de, www.bauhaus-dessau.de

Klassik-Stiftung Weimar: Besucherinformation, Frauentorstraße 4, 99423 Weimar, Tel. 0 36 43-54 54 01, -4 02, -4 03, Fax 0 36 43-41 98 16, -54 51 05, E-Mail: info@klassik-stiftung.de, www.klassik-stiftung.de

9 Fürst Pückler-Muskau und sein Park

Der Gärtner aus Liebe

In der Zeit des Eisernen Vorhangs und des Todesstreifens an der deutsch-deutschen Grenze hatten viele den berühmten Park schon verloren gegeben, war doch auch die größere Hälfte des Muskauer Parks seit der Anerkennung der Oder-Neiße-Grenze polnisches Staatsgebiet geworden. Dann brach das Sowjetimperium zusammen, die beiden deutschen Staaten wurden vereinigt – und unversehens wurde das scheinbar Unmögliche möglich: ein gemeinsamer deutsch-polnischer Park um Muskau.

Deutsche und polnische Denkmalpfleger machten den Anfang. Eher unbeachtet waren ihre ersten Schritte der vorsichtigen Annäherung in den alten Bundesländern geblieben. Doch schon im Jahr 1988, noch vor dem Fall der Berliner Mauer, nahm das Projekt Gestalt an, den Park als zweistaatliches Denkmal wiederherzustellen. Denn der Muskauer Park ist ja nicht einer von vielen, er gilt als einzigartiges Gartenkunstwerk von Weltrang. Diese Wertung ist jüngst – im Sommer 2004 – mit der Aufnahme in die Welterbe-Liste der UNESCO bestätigt worden. Darum hatten sich Deutschland und Polen gemeinsam beworben.

Eine wichtige, ja wohl entscheidende Station auf dem langen Weg zur Rettung des Gartenkunstwerks beiderseits der Neiße war die Gründung der Stiftung Fürst-Pückler-Park Bad Muskau am 10. Mai 1993. Der Freistaat Sachsen übernimmt dabei die Hauptlast der Kosten für den Park, seine Restaurierung und Pflege und für den Wiederaufbau der Gebäude. Von 1993–2005 waren das fast 30 Millionen Euro, der Bund steuerte noch einmal etwa die Hälfte bei. In Zusammenarbeit mit der polnischen Verwaltung entstand damit ein Vorzeigemodell grenzüberschreitender Denkmalpflege.

Im Mai 2005 übergab der Präsident des UNESCO-Exekutivrats die Welterbe-Urkunde – symbolträchtig – auf einer Brücke, und zwar auf der Doppelbrücke über die Jeannetteninsel, die seit Oktober 2003 den deutschen und den polnischen Teil des Parks verbindet. Diese Brücke benutzen auch die nach derzeitigen Schätzungen über 200 000 Parkbesucher pro Jahr. »Der heutige Tag ist ein Tag der Freude für Europa und eine

Das Parkcafé im Muskauer Schlossvorwerk (oben) und der Ausblick in den Park mit dem hinter Blattwerk fast verborgenem Neuen Schloss (unten). Rechte Seite: Aus kurzer Distanz ist der Schlossturm stattlich anzusehen mit den frischen weißen Fensterumrahmungen und dem filigranen Schmuck der Kuppel.

Heute noch eine Seltenheit, in einem künftig einiger lebenden Europa vielleicht normal: ein Parkgelände, dessen Besucher ungehindert Grenzen überschreiten und dessen Verwalter dies- und jenseits der deutsch-polnischen Grenze ohne große Probleme zusammenarbeiten.

Freude für die europäische Kultur«, brachte Sachsens Ministerpräsident Georg Milbradt das Muskauer Gartenereignis auf den Punkt.

Ein berühmter Mann, ein berühmter Park

Bestaunt wurde der Muskauer Landschaftsgarten schon, als er eben erst Gestalt annahm. Was man in England bereits Jahrzehnte früher kannte, machte in Deutschland erst in den 60er-Jahren des 18. Jahrhunderts Furore: die neue Landschaftsgärtnerei englischer Gutsherren, ihr Bruch mit der Barock-Herrschaft der Heckenschere und der geometrischen Gartenparterre. Statt zurechtgestutzter Pyramiden und Kegel wollten weitgereiste Briten wie Joseph Addison (1672–1719) wieder Bäume in all ihrer Fülle, mit dem Überfluss von Ästen und Zweigen sehen. Manche Besucher vom Kontinent – voran der junge Fürst Leopold Friedrich Franz von Anhalt-Dessau in Wörlitz – begannen spontan, Landschaftsgärten anzulegen. In Weimar entstanden der Ilmpark und der Tiefurter Park, nachdem Herzog Carl August und Goethe das Wörlitzer Gartenreich kennengelernt hatten. Immer mehr Projekte im Zeichen des gärtnerischen »Zurück zur Natur« folgten.

So gehörte der jugendliche Fürst Hermann Pückler (geboren in Muskau 1785, gestorben in Branitz bei Cottbus 1871) schon der zweiten Generation deutscher Landschaftsgärtner an, als er 1815 mit seinem großen, ja riesigen Gartenwerk begann. Seine ererbte Herr-

schaft Muskau umfasste 550 Quadratkilometer mit 45 Dörfern, einer Mühle, einer Glashütte, eisenverarbeitenden Unternehmen, Wäldern und Feldern. Eine Englandreise hatte auch ihn zu einem lernwilligen und lernfähigen Enthusiasten der Gartenkunst gemacht. Und hatte ihm nicht zuvor schon der 60-jährige Goethe diese Bahn gewiesen? Bei seinem Weimar-Besuch verstand der 25-Jährige sich im Gespräch über Gärten gut mit dem Großpoeten und Minister. »Verfolgen Sie diese Richtung. Sie scheinen Talent dafür zu haben. Die Natur ist das dankbarste, wenn auch unergründlichste Studium, denn sie macht den Menschen glücklich, der es sein will«, gab ihm Goethe mit auf den Weg.

»Mein Beruf und meine Lust«

Mit großer Leidenschaft und dazu mit einem Finanzaufwand, der den reichen Erben sehr bald in Schulden stürzte, plante Pückler einen Landschaftsgarten von annähernd acht Quadratkilometern Größe. Er ließ an der Neiße ein Nebenbett graben, ließ große Bäume umsetzen (auch das hatte er in England gelernt, keiner der Bäume starb ab) und zugleich auch ein neues Schloss bauen. Einen »Erdenbändiger« nannte ihn Bettina von Arnim nach einem Aufenthalt in Muskau. »Mein Beruf und meine Lust«, nannte er selbst die Landschaftsgärtnerei.

Vieles gelang ihm, aber als 50-Jähriger musste er mit seiner Frau, die ihm über alle seine fantastischen Eskapaden die Treue hielt, Muskau verkaufen und auf

seinen Besitz Branitz bei Cottbus umziehen. Er führte ein extravagantes Leben, war ein großer Herr, der mit Lust durch Europa reiste. Seine Bücher wurden, trotz oder auch gerade wegen ihrer exzentrischen Titel (»Briefe eines Verstorbenen«, »Semilassos vorletzter Weltgang«) Erfolge, vor allem aber, weil die Leser ihn als einen Mann mit Geist und Witz, einen unabhängigen Kopf, wahrnahmen.

Der große Parkgestalter und viel gelesene Autor brillierte nach glaubwürdigen Aussagen auch als Casanova. Doch fand er die Zeit, nach dem Muskauer Park auch den Park von Branitz zu gestalten und außer den eigenen auch noch andere. Man sollte ihn wieder lesen, nicht zuletzt sein epochemachendes Werk »Andeutungen über Landschaftsgärtnerei« aus dem Jahr 1834, ein Buch, in dem sich der Landschaftsgärtner

bescheiden gibt. Bis nach Afrika und in den Orient führten ihn seine aufwendigen Recherchen. Und er ließ sich seine Passionen nicht nur viel Geld, sondern auch körperliche Mühen kosten – Mühen, die kaum einer seiner hochadeligen, verwöhnten Vettern auf sich genommen hätte. Ganz Europa bestaunte ihn – und Fürst Pückler ließ sich gern bestaunen.

Für den Muskauer Park sorgte übrigens nach dem Verkauf der Garteninspektor Eduard Petzold, der schon als Gärtnergehilfe mit Muskau vertraut geworden war. Fürst Pückler begrüßte die Wahl des neuen Eigentümers, des schwerreichen Prinzen Friedrich der Niederlande, und schrieb an Eduard Petzolds Vater: »Meine Gegenwart in Muskau ist nun nicht mehr nötig, da ein alter ego für mich eintritt, ja einer, dem ich mehr zutraue als mir selbst.«

10 Dresdens Glanz, Dresdens Elbtal

Der Blick aufs Schöne

Ein Kurfürst in Sachsen avanciert zum Kaiser der Künste – das war ein Lebensziel jenes Friedrich August I. (1670–1733), der seit 1694 in seiner Heimatstadt Dresden regierte. 1697 wurde er auch König von Polen (als August II.), konnte dort aber kaum Macht ausüben. In Dresden wollte August I., den man mit guten Gründen »den Starken« nannte, nach dem Beispiel Venedigs die Elbe zu einem Canale Grande machen – zu einer Wasser-Promenade inmitten von Stadt und grüner Landschaft.

Gottfried Sempers königliches Opernhaus mit seinem schlossähnlichen Foyer und – rechte Seite – die 2006 neu erstandene Frauenkirche, das ist Dresdner Architektur in prachtvoller Schönheit. Die Dresdner Bürger haben nicht geruht, bis ihre Stadt am Elbstrom und mit ihren wertvollsten Bauten den im Bombenterror eingebüßten Glanz zurückgewann.

D resden und seine Kunstsammlungen, seine Pracht der Architektur, seine harmonische Stadtgestalt am Elbfluss sind zu einem Symbol deutscher und europäischer Kulturgeschichte geworden. Prestigedurst und Kunstliebe der sächsischen Kurfürsten erhoben Dresden in der ersten Hälfte des 18. Jahrhunderts zur »ersten Kunststatt des Nordens« – so damals der Antikenexperte Johann J. Winckelmann. Staunend blickte Europa auf das Elbflorenz, die Residenzstadt an der Elbe, die um Zwinger, Hofkirche und Brühlsche Terrasse entstand. In einzigartigem Glanz funkelt seit damals das Grüne Gewölbe, die weltberühmte Sammlung von Kostbarkeiten von August dem Starken. Kurz vor seinem Tod öffnete er das Schatzmuseum für die Öffentlichkeit – während die Monarchen des Absolutismus noch lange nur Auserwählten den Blick in ihre Kunstkammern gestatteten.

Als die Sowjets Meisterwerke retteten

In der Nacht vom 13. auf den 14. Februar 1945 zerstörte der Feuersturm des britischen Bombenkriegs das Herz-Areal Dresdens. Die kostbarsten Kunstschätze waren zwar in ostelbische Depots ausgelagert, beim Rückzug der deutschen Wehrmacht aber unter haarsträubenden Bedingungen an ungeeignete Ausweichorte gebracht wurden. »Ein Verbrechen. Es ist ungelogen, dass Tizians ›Zinsgroschen‹ in einer Wasserlache schwimmend aufgefunden wurde«, berichtete in den 1980er-Jahren Gerhard Winkler, stellvertretender Generaldirektor der Dresdner Kunstsammlungen. Und: »Ich sage das nicht, weil ich durch meine Funktion verpflichtet wäre, es zu sagen: Was die Sowjetunion damals 1945 gemacht hat, ist nicht hoch genug einzuschätzen. Ich sage das aus tiefster

MARTIN LUTHER

Die Beleuchtung zur Nacht bringt
die Barockszenerie der einstigen
Residenzstadt noch zauberhafter
zur Wirkung als das Tageslicht.

Hier verkleidet sich ein Schornstein als Minarett, und der prächtige Kuppelbau lässt nicht einmal ahnen, dass hinter seinen Mauern eine Zigarettenfabrik arbeitete. So bunte Ideen konnten einmal Wirklichkeit werden. Unten: Chinesischer Pavillon im Pillnitzer Schlosspark. Rechte Seite: Mega-Barock des Dresdner Zwingers – und ein Detail vom »Fürstenzug«.

Deutschlands Weltkulturerbe

Überzeugung. Die Sowjetunion, damals ein Land, das nichts zu essen hatte, das zerstört war, das in seinen Museumskomplexen – man denke nur an Schloss Peterhof – von den Faschisten geschleift worden war, schickte ein ganzes Sonderbataillon, um diese Kunstschätze zu retten.«

Mehr als 1200 Kunstwerke transportierten sowjetische Spezialisten in die Museen der Sowjetunion. Viele deutsche Kunstfreunde korrigierten ihre Befürchtungen, als die Dresdner Gemälde und auch Bestände anderer Sammlungen 1955–58 zurückkehrten.

Und wieder Glanz

Die Dresdner haben selbst Hand angelegt, um die Schönheit ihrer Stadt wiederherzustellen. Und sie haben großzügig gespendet, wie schon für den Wiederaufbau der Semperoper 1977–85. Aus dem Trümmerberg der Frauenkirche wurde alles verwendbare Material geborgen, jeden einzelnen Stein ordneten die Bauleute den Gebäudeteilen zu. Im April 2004 wurde der letzte verbaut, im September 2005 feierten die Dresdner mit Dresden-Freunden aus aller Welt die Weihe der neu erstandenen Kirche. Nie zuvor hatten die Deutschen mit so vielen Spenden bekundet, wie wichtig ihnen ein Bauwerk ist.

Die Elbauen wurden schon in den 40er-Jahren des 20. Jahrhunderts unter Landschaftsschutz gestellt. Dresdner Welterbe ist gemäß der Welterbeliste jener Kernteil der jahrhundertealten Kulturland-

schaft des Dresdner Elbtals, der sich etwa 18 Kilometer, in einer Breite von 500 Metern bis zu drei Kilometern, zu beiden Seiten des Flusses erstreckt. Endpunkte sind Schloss Übigau im Nordwesten und Schloss Pillnitz im Südosten von Dresden. Harmonisch verbinden sich gewachsener städtischer Lebensraum und die natürliche Umgebung mit ihren Weinbergen und grünen Villensiedlungen. Wunderbar durchlichtete Gemälde dieser Motive schuf der Venezianer Canaletto (eigentlich Bernardo Bellotto, Neffe Canalettos), der Hofmaler August des Starken war.

Und wieder Nöte

Inmitten von allem Glück der architektonischen Wiedererstehung haben sich die Dresdner mit einem Malheur herumzuschlagen. Ausgezeichnet mit dem noch frischen Welterbe-Status ihrer Stadt feierten sie 2006 ihre 800-Jahr-Feier, wussten aber bereits, dass der Bauplan ihrer neuen Elbbrücke nicht zu den Welterbe-Konditionen passt. Dresden steht bereits auf der Roten Liste, schlimmstenfalls wird es den Welterbestatus verlieren. »Die Waldschlösschen-Brücke«, schrieb der Architekturkritiker Gottfried Knapp, »würde den berühmten Elbbogen, auf dessen aussichtsreichem Hochufer sich im 19. Jahrhundert die deutsche Prominenz angesiedelt hat, an der empfindlichsten Stelle zerschneiden. … Das kann sich die Kulturwelt nicht gefallen lassen.«

Wie stets bei solchen Auseinandersetzungen finden einige das alles nicht so

tragisch. Auch ohne Welterbestatus – da haben sie vermutlich Recht – kämen genug Touristen nach Dresden. Wie stets eskalieren die Vorwürfe, wer was wann versäumt oder verbockt habe. Gutachten beweisen, wie richtig der Rechtsstandpunkt ihrer Auftraggeber ist. Der Fall wird nicht einfacher, da Deutschlands Regierung laut UNESCO-Vertrag für die Erhaltung der Welterbestätten verantwortlich ist, aber dank seiner föderalen Struktur einen Rattenschwanz von Kompetenzüberschneidungen mit sich herumschleppt. Herbert Feßenmayr, Dresdner Beigeordneter für Stadtentwicklung, erklärte offensichtlich unbeeindruckt von Gegenargumenten: »Die Brücke kommt.« Schon im Frühjahr 2006 wollte er die Bagger anrücken lassen.

Mit etwas Abstand betrachtet kann man festhalten, dass der Denkmalschutz – zu

dem auch der Umgebungsschutz gehört – in Deutschland seit dem Jahr 1976 erheblich an Entscheidungsmacht eingebüßt hat. Politiker behaupten mit Unschuldsmiene, Denkmalschutz dürfe wirtschaftliche Entwicklung nicht beeinflussen. Dass für die Attraktivität einer Stadt gerade jene Qualitäten entscheidend sind, die nur sie allein vorweisen können, ist dann plötzlich nachrangig. Letztlich will die UNESCO-Welterbe-Aktivität vor allem Wertebewusstsein entwickeln – auch für Sichtachsen, Ausblicke und Panoramen! Bei mindestens jeder vierten der 32 deutschen Welterbe-Stätten gab oder gibt es Streit um Bauprojekte, deren Nähe zum Welterbe dessen Wert gemindert hätte. In Dresden soll das Großobjekt mit dem niedlichen Waldschlösschen-Namen an einem der ästhetisch empfindlichsten Punkte mitten hinein in die Welterbe-Stätte gesetzt werden.

11 Weimar, die Damen und die Dichter

Wo sie wohnten, wie sie lebten

Die Weimarer Wende ist mehr als 200 Jahre älter als die deutsche Wiedervereinigung von 1989/90. Es war die Herzogin Anna Amalia, die dem verarmten Residenzstädtchen nach dem plötzlichen Tod ihres Gatten ein neues Profil gab. Erst 19-jährig nach nur zweijähriger Ehe verwitwet, war Anna Amalia 17 Jahre lang Regentin für ihren Sohn Carl August. »Tag und Nacht studierte ich, mich selbst zu bilden und mich zu den Geschäften tüchtig zu machen«, erinnerte sie sich später.

Die Regentin im Studentenalter wurde als Frau und Fürstin zum Sinnbild des aufgeklärten Absolutismus. Ihr gelang es, die im Siebenjährigen Krieg zerrütteten Finanzen des Kleinstaats Sachsen-Weimar zu sanieren. Sie investierte in Schulen, sorgte für das Theater und für die Bibliothek (die später ihren Namen erhielt). Kunst, Musik und Literatur waren zentrale Anliegen ihres Lebens, gehörten darum auch zu ihren Regierungsgeschäften – und zur Erziehung des künftigen Herzogs.

Zugute kam der Herzogin ihr unbefangener, von Adelsdünkel freier Umgang mit bürgerlichen Künstlern und Intellektuellen. 1772 gelang es ihr, den bald hoch berühmten Schwaben Christoph Martin Wieland als Prinzenerzieher für Carl August nach Weimar zu holen. Drei Jahre später, 1775, als Carl August gerade die Regierung übernommen hatte,

trifft auch Goethe in Weimar ein. Elf Monate zuvor hat er die Weimarer Prinzen Carl August und Konstantin bei deren Aufenthalt in Frankfurt kennengelernt, es ist der Beginn einer lebenslangen Freundschaft mit dem Herzog.

Zwar war die Kleinstadt Weimar auch zuvor keine Kulturwüste – wenngleich die Stadtführerin heute gern erzählt, bei Goethes Ankunft habe Weimar etwa 6000 Einwohner und 3000 Schweine beherbergt. Hier hatte schon der Renaissancemeister Lucas Cranach der Ältere seine Werkstatt. Im frühen 17. Jahrhundert wurde in Weimar die »Fruchtbringende Gesellschaft« gegründet, unter den vielen Vereinen zur Pflege der deutschen Sprache damals bald der wichtigste. Im frühen 18. Jahrhundert komponierte Johann Sebastian Bach in Weimar als Hoforganist und Konzertmeister Fugen, Sonaten, Kantaten und

Wie zu Goethes Zeiten: eine Kutsche vorm Haus am Frauenplan – in Weimar spielt man gern mit der poetisch überglänzten Vergangenheit. Unten: Das »Römische Haus« im Ilmpark. Rechte Seite: Standfest und mit idealem Schwung: die Dichterfreunde Goethe und Schiller vorm Nationaltheater. Unten: »Neues Rathaus« am Markt.

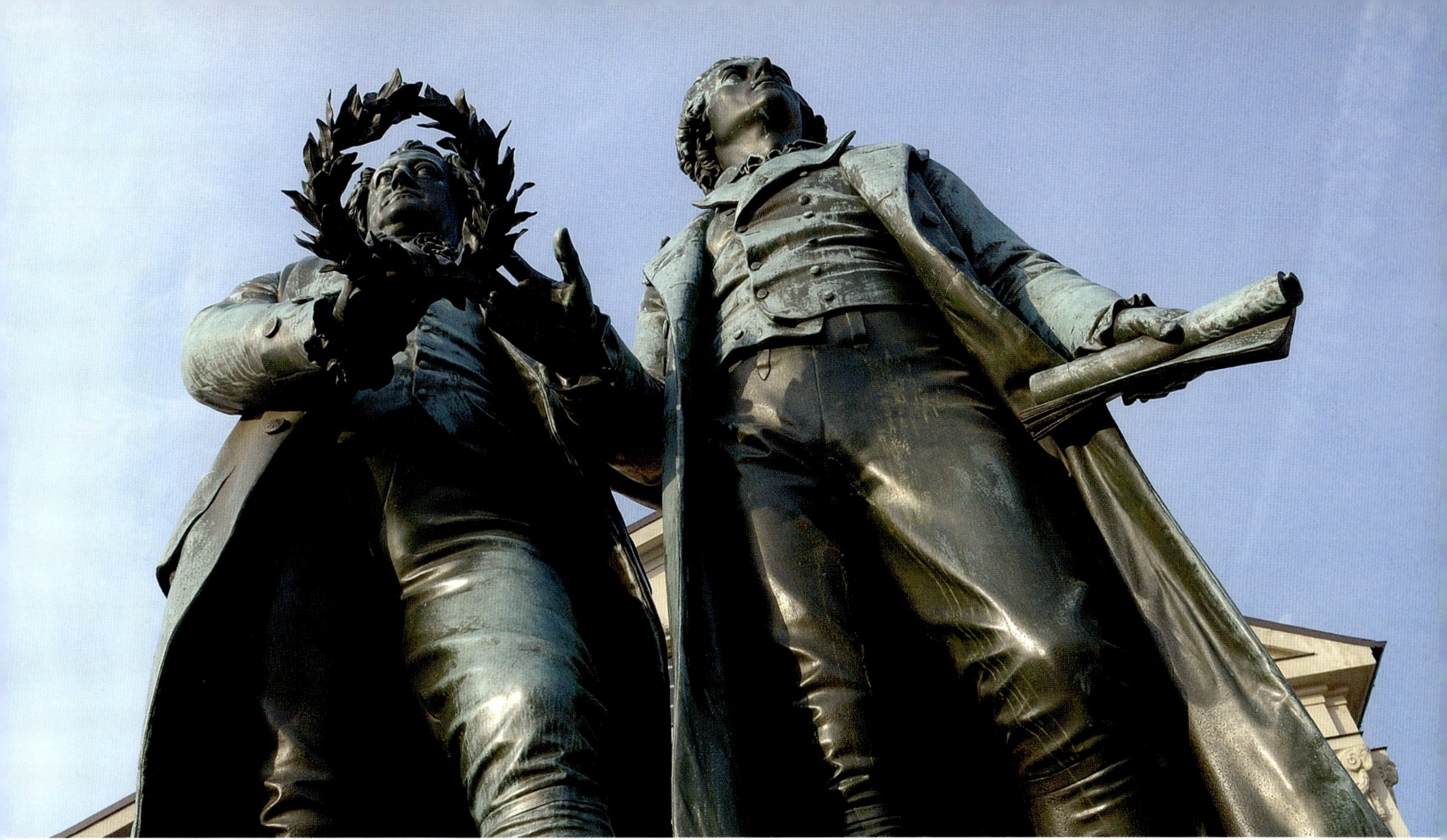

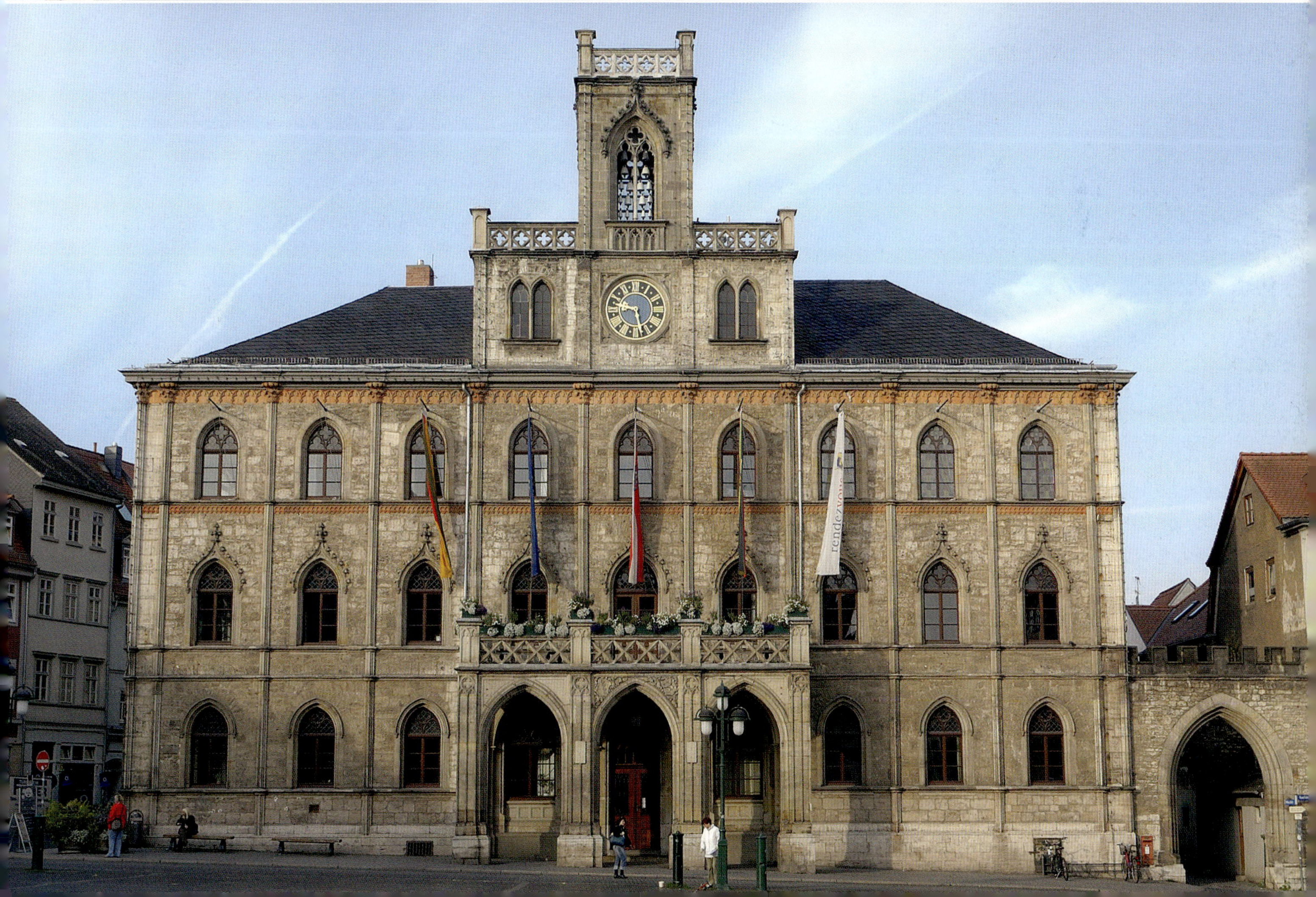

So nah ins Foto gestellt, erscheint Goethes Gartenhaus fast mächtig groß. Tatsächlich sind es nur wenige, eher bescheiden dimensionierte Räume, in denen der Weimarer Neubürger Goethe von 1776–78 seine ständige Wohnung hatte. Bis ins hohe Alter blieb ihm das Geschenk des Herzogs und Freundes lieb.

Neptun hebt seinen Dreizack, Lucas Cranach d. Ä. hat hier gewohnt. Mitte: Eine Dichtersilhouette darf jedes Weimarer Restaurant schmücken. Eine Lebensader des Promenierens, des Weimarer Eilens und Verweilens: die Schillerstraße. Unten und Rechte Seite: Das Cranachhaus am Markt zeigt noch immer seine Renaissance-Ornamente und Meerweibchen.

Toccaten (1708–17). Am Ende wurde Bach allerdings, weil er »halsstarrig« um Entlassung ersucht hatte, fast drei Wochen in Arrest gesetzt. Dann ließ ihn der Herzog in Ungnade nach Köthen ziehen, doch ohne den gräflichen Fußtritt, mit dem Mozart noch 1781 aus Salzburg verabschiedet wurde.

Die erste Kulturhauptstadt

Weimars Atmosphäre gedieh zum Besseren, zum Besten. Die Stadt, in die nach Goethe nun auch Herder und Schiller gezogen waren, wurde zum Leuchtturm der Literatur und Künste. »Zum ersten Male«, wie die kluge Madame de Staël 1810 schrieb, »erhielt Deutschland eine literarisch-gelehrte Hauptstadt«. »Wählen Sie Weimar zu Ihrem Wohnort«, ermunterte Goethe den jungen Eckermann, und begründete gleich: »Wo finden Sie auf einem so engen Fleck noch so viel Gutes! … Es gehen von dort die Tore und Straßen nach allen Enden der Welt.«

Erst 1996–1998 wurde Weimar in die Welterbe-Liste aufgenommen. Das erscheint eher spät für seinen Rang, doch dafür sind es gleich drei Einträge in die Liste. Der erste gilt dem klassischen Weimar mit großartigen Beispielen der Raumkunst um 1800 im Stil des europäischen Klassizismus einschließlich der drei Schlösser Belvedere, Ettersburg und Tiefurt mit ihren Parks; weiter den Stätten, in denen Herder wirkte, dem Wittumspalais, in dem sich die illustre Tafelrunde traf, der Herzogin-Amalia-Bibliothek und der Fürstengruft mit dem

Historischen Friedhof. Der zweite Eintrag betrifft die ehemalige Kunstschule und die ehemalige Kunstgewerbeschule, beides Jugendstilgebäude von Henry van de Velde, in die 1919 das Staatliche Bauhaus Weimar einzog, geleitet von Walter Gropius. Dem Bauhaus zugehörig ist das »Haus am Horn« (1923 als Musterhaus erbaut, Welterbe seit 1996). Mit dem dritten Eintrag wird Goethes handschriftlicher Nachlass im Goethe-Schiller-Archiv zum Weltkulturerbe erklärt (in der Liste »Memory of the World«, 2001).

Wie viele Tage Weimar

Zum Welterbe zählt natürlich auch das Ilmtal mit Goethes Gartenhaus, Geschenk des Herzogs für den Freund, der sich mit den Nichtigkeiten der Hofgesellschaft schwer tat und wie der jugendliche Held seines »Werther«-Romans in der Natur Zuflucht suchte. Eigenhändig pflegte er die Obstbäume, setzte 1777 den »Stein des guten Glücks«, plante mit dem Herzog einen Landschaftspark. Beide wurden dabei stark von dem neuen Wörlitzer Park des jungen Fürsten Franz von Anhalt-Dessau inspiriert. Noch wird die Treppe gezeigt, die Goethe vom Park zum Haus der Frau von Stein benutzte, wie auch die Stelle, an der Christiane Vulpius ihm den Bittbrief für ihren Bruder übergab – bevor sie fast drei Jahrzehnte mit ihm lebte. Seit 1841 ist das schindelgedeckte Gartenhaus ein »Wohnmuseum«, immer wieder finden sich die Besucher in die Goethe-Zeit jugendlichen Aufbruchs versetzt. Nach der letzten Renovierung zei-

gen die Räume Mobiliar und Bilder auch aus späteren Jahrzehnten – den Blick auf die Zeugnisse eines langen Lebens.

Weimar zu besuchen und zu besichtigen lohnt allemal einen mehrtägigen Aufenthalt. Da sind die Literaten-Häuser Goethes und Schillers mit ihren musealen Sammlungen, das Herderhaus, wo der große Kulturphilosoph und Vorbote der deutschen Romantik mit seiner Frau und acht Kindern lebte, aber auch Anna Amalias Wittumspalais, das Stadtschloss mit seinen Kunstsammlungen und die beim Brandunglück im Herbst 2004 gerade noch gerettete Herzogin-Anna-Amalia-Bibliothek.

Und Weimar ist vielgesichtig, es ist auf keinen Fall mit einem Klassik-Museum zu verwechseln. Zu den großen Weimarer Namen zählen auch Friedrich Nietzsche, Franz Liszt, Harry Graf Kessler, Henry van de Velde, Walter Gropius und Lyonel Feininger (der sieben Jahre am Bauhaus lehrte).

Nietzsche-Archiv, Liszt-Haus und Van-de-Velde-Haus stehen dem Besucher offen. Und auch die Schlösser um Weimar sind einen Besuch wert. Leider wurde das baufällige Schloss Ettersburg (erbaut 1706–1712), der Sommersitz der Herzogin Anna Amalia, nur in seiner Bausubstanz gesichert und wartet noch auf die Sanierung seiner betagten Mauern.

Das Wasserschloss Kochberg dagegen, wo Frau von Stein sommers wohnte, steht samt Liebhabertheater stattlich restauriert und voller musealer Erinnerungen etwa 28 Kilometer von Goethes Gartenhaus. Um halb sechs, notierte Goethe, sei er am 11. Juni 1777 zum Kochberg-Schloss »zu fuß von Weimar abmarschiert und war um halb 10 hier«. Der Poet, künftiger Minister und Klassiker, konnte sehr sportlich sein.

Man soll sie nicht mit dem wirklichen Mittelalter gleichsetzen, die nachgefühlte Ritterzeit, wie sie in der Wartburg von Restauratoren und Architekten geschaffen wurde. Der »Sängersaal« (oben) ist aus dem 19. Jahrhundert, Luthers Stube dagegen fast authentisch (unten). Rechte Seite: Welterbe mit Romantik-Ausstrahlung: die Wartburg.

12 Die Wartburg, vieler Zeiten Erinnerung und Symbol

Deutsche Gralsburg und Nationaldenkmal

Minnesang und Studentenprotest, Luther als Junker Jörg und Wagners »Tannhäuser« steigen in der Vorstellung auf, wenn sich die Wartburg in Erinnerung bringt. Die einst so stolze Höhenburg im Thüringer Wald war schon halb Ruine, ehe sie im 19. und 20. Jahrhundert als Nationaldenkmal gefeiert und restauriert, teils auch neu erbaut wurde. 1999 erhielt sie ihren Platz in der Welterbeliste.

Goethe, Geheimer Legationsrat seines Fürsten Carl August, war im September 1777 auf Dienstreise in Eisenach und von Zahnschmerzen geplagt. Die Wartburg, in die der noch nicht 30-Jährige damals für gut vier Wochen einzog, erlebte er als ein halb verfallenes Gemäuer. Goethe aber ist in seinen Briefen an Frau von Stein voller Begeisterung, er freut sich am Zeichnen und Dichten. Fast zerreißt ihn die Schönheit ursprünglicher Natur: »Diese Wohnung ist das herrlichste, was ich erlebt habe, so hoch und froh, dass man hier nur Gast sein muss, man würde sonst vor Höhe und Fröhlichkeit zunichte werden.«

Wie ruinös die Wartburg mit nüchternem Blick anzusehen war, bezeugte 1799 Friedrich Carl von Savigny, damals junger Student: »Es scheint mir nicht recht, dass der Herzog die eine Hälfte des Schlossgebäudes hat niederreißen

und neu bauen lassen, um da wohnen zu können; sollte es indessen geschehen, so musste alles Alte wegfallen, und die Reste der alten Zeit mussten bloss im Innern aufbewahrt werden, denn so ist es Flickwerk.« Den Neubau nannte er »recht passend, modern, aber massiv und höchst einfach«.

Zur »modernen« Wartburg kam es dann dank der Romantik-Begeisterung, der Mittelalterverklärung und des neuen Nationalgefühls nach der Leipziger Völkerschlacht dann doch nicht. Den Protagonisten dieser so unterschiedlichen Geistesströmungen war die Wartburg als Symbol gerade recht.

Vom Sängerkrieg zum Wartburgfest

Ob auf der Wartburg das legendäre Fest der Poesie, der sogenannte Sängerkrieg,

Hinauf zu Palast und Ritterbad der Wartburg (oben), ein Ausschnitt zarter Malerei aus der rekonstruierten Decke der Kemenate und die aufwendig-übergewichtige Decke über der modernen Bestuhlung des Festsaals – so verschieden ist die Wartburg zu erleben. Rechte Seite: Blick auf Fachwerk und Ziegeldächer und – im Schatten – das Burghotel.

tatsächlich 1206/1207 stattgefunden hat, bleibt mangels sicherer Überlieferung umstritten. Immerhin erzählt eine etwa 50 Jahre später aufgezeichnete Handschrift, die Minnesänger Walter von der Vogelweide, Wolfram von Eschenbach und viele andere seien der Einladung des thüringischen Landgrafen zum Sängerwettstreit gefolgt. Richard Wagner ließ sich inspirieren und konnte 1845 in Dresden seine Oper »Tannhäuser und der Sängerkrieg auf der Wartburg« (ursprünglicher Titel: »Der Venusberg«) uraufführen. Doch es gibt auch eine stattliche Reihe von historisch bezeugten Personen und Ereignissen auf der Wartburg. Da ist zum einen die Hl. Elisabeth (1207–31), ungarische Königstochter und bald verwitwete Gattin des Landgrafen Ludwig IV. von Thüringen. Sie lebte sieben Jahre auf der Burg und folgte dem frommen Beispiel des Franz von Assisi (1181/82–1226) und der Franziskaner in Eisenach, erfüllt von der Caritas für die Armen. Auch Martin Luthers kahle Burgkammer ist zu besichtigen, in der er unter dem Namen Junker Jörg 1521/22 zehn Monate lang vor der Welt versteckt war und das Neue Testament ins Deutsche übersetzte. Kurfürst Friedrich der Weise schützte ihn vor dem Vollzug der Reichsacht.

An einem Oktobermorgen des Jahres 1817 zogen 500 Studenten zur Wartburg hinauf, um das 300-Jahr-Jubiläum der Reformation und den dritten Jahrestag des Siegs über Napoleon zu feiern. Daraus wurde am Abend desselben Tages auf dem nahen Wartenberg ein Aufruf zur Freiheit, gegen die Herrschaft der Fürsten, für eine Verfassung, die den

Bürgern Rechte sicherte, und für nationale Einigkeit. Bücher derer, »die das Vaterland geschändet haben«, wurden verbrannt, 25 Titel, freilich ein Indiz, dass die Rebellen sich mit demokratischem Denken noch nicht auskannten. Österreichs Staatskanzler Metternich, das Haupt des restaurativen Absolutismus, höhnte über die »Schwindeleien« der Studenten. Auch Goethe beklagte den »garstigen Wartburger Feuergestank«.

Die Burg im Spiegel der Zeit

Damit war die Wartburg zum doppelgesichtigen Symbol geworden: den einen Inbegriff mittelalterlicher Frömmigkeit und Zeugnis vom verlorenen Glanz des Reiches, den anderen Erinnerungsort der Reformation, Hoffnungsort eines künftig einigen, starken und freien Deutschlands.

In jedem Fall erkannte der Großherzog Carl Alexander von Sachsen-Weimar-Eisenach (1818–1901, ab 1853 regierend), dass er in seinem Thüringer Land ein deutsches Nationaldenkmal hatte. Im denkmalsüchtigen 19. Jahrhundert war klar, dass die ererbte, vernachlässigte Burg ein architektonisches und inhaltliches Konzept brauche. »Meine Idee«, schrieb Großherzog Carl Alexander, der Enkel Carl Augusts, »ist nämlich die, nach und nach die Wartburg zu einer Art Museum für die Geschichte unseres Hauses, unseres Landes, ja von ganz Deutschland und Europa zu gestalten«. Die Museumsidee hatte Goethe schon 1815 formuliert.

Der Architekt Hugo von Ritgen (1811 bis 89) hatte sich dem Großherzog bereits mit einem enthusiastischen Memorandum empfohlen, 1849 wurde er mit der Aufgabe betraut, die mittelalterliche Burggestalt wiederherzustellen. Zuerst wurde der Grundstein zum Wiederaufbau des abgerissenen Bergfrieds gelegt, dann das 1797 errichtete »Neue Haus« kunstgerecht im romanischen Stil gealtert (heute das Wartburg-Museum), dazu Torhalle und Dirnitz neu gebaut. Aus dem Mittelalter stammen rechts hinter dem Torgebäude das Ritterhaus und die Vogtei, weiter auch der Südturm und im Kern der Palas samt dem Sängersaal und dem Rittersaal im Obergeschoss.

Was Hugo von Ritgen in 40 Arbeitsjahren restaurierend und erneuernd schuf, war das Herrscher-Wunschbild eines christlichen Mittelalters und der idealisierten deutschen Kultur. Das Hitler-Reich wie die DDR schmückten sich gern mit der Wartburg und vereinnahmten sie für ihre Ideologien, die völkische wie die sozialistische.

Manche sehen heute die Wartburg ins Abseits gerückt, vergleichen die aktuellen Besucherstatistiken mit denen der DDR-Jahre oder den heutigen der Berliner Reichstagskuppel und von Schloss Neuschwanstein. Mehrere hunderttausend bis zu einer halben Million Besucher auf der Wartburg jährlich sind trotzdem sehr viele für ein Gebäude, das in den Wintermonaten wenig besucht wird. Wer die Aura dieses bald tausendjährigen Welterbes wahrnehmen will, ist dankbar, wenn er es nicht im Gedränge konkurrierender Führungen erleben muss.

Ornamentale Fachwerkschönheit am Gildehaus zur Rose (oben) und ein derbkräftiger Kopf an einem anderen Haus der Altstadt (unten) – zwei Motive aus wohl zahllosen in der Fachwerkstadt Quedlinburg. Rechte Seite: Ein wenig enttäuscht nimmt man Häuser wahr, die zwar auch Fachwerk aufweisen, seine Möglichkeiten aber nicht ausspielen.

13 Quedlinburg – die erste Königsresidenz

Deutschland am Anfang

»Deutschland? Aber wo liegt es? Ich weiß das Land nicht zu finden«, so schrieb Schiller. Als erster deutscher König und Lehnsherr der Stammesherzöge regierte Heinrich I. (919–936) aus der Familie der Ottonen noch nicht »Deutschland« (der Name wurde erst im 15. Jahrhundert geläufig), er festigte und sicherte aber klug und energisch Gebiet und Struktur des deutschen Reiches, wie es aus Stämmen mit deutscher Sprache damals an seinem Anfang stand. Die Pfalz, die er auf dem Sandsteinfelsen über dem Dorf Quedlinburg errichten ließ, wurde zum wichtigen Zentrum seiner Herrschaft.

Fachwerk, so viel und so reich wie kaum irgendwo anders – das will etwas heißen hierzulande, wo Fachwerkbau zahllose Dörfer und Städte von Brandenburg bis Westfalen, von Niedersachsen bis Bayern und Württemberg prägt. Quedlinburg ist zweifellos ein Hauptort des Fachwerks und wurde im Bombenkrieg auch nicht zerstört. Umso trauriger war es, in der Schlussphase der DDR zu hören, wie vernachlässigt, ja schon ruinös Quedlinburgs Fachwerkbauten anzusehen seien, offensichtlich mangels notwendiger Mittel für ihre Erhaltung und Wiederherstellung.

Da hat sich in anderthalb Jahrzehnten viel getan, erstaunlich viel, kennt man die Zahl der Quedlinburger Fachwerkbauten: annähernd 1300 aus sieben

Jahrhunderten, sehr viele davon stammen aus dem 17. und 18. Jahrhundert. Darunter auch das wohl älteste erhaltene deutsche Fachwerkhaus in Ständer-Bauweise: senkrechte hölzerne Ständer reichen vom Boden bis zum Dach, sparsam sind Querbalken zur Stabilisierung eingesetzt. Im Kern ist der bescheidene Bau wohl 600 bis 700 Jahre alt, genutzt wird er heute als Museum der Geschichte und Technik des Fachwerkbaus in Deutschland.

Aufgenommen ins Welterbe – die Altstadt und der Burgberg

Quedlinburg wurde 1994 von der UNESCO-Kommission in die Welterbe-Liste aufgenommen – und zwar die Alt-

Oben, Mitte und unten: Fachwerk, vor-kragende obere Stockwerke, Gassen noch mit Kopfsteinpflaster, ein solider steinerner Vierkant-Kirchturm – stunden-lang sieht man sich in Quedlinburg um und findet immer neue Variationen der Haus- und Fassadengestaltung. Rechte Seite: Der Burgberg mit kaiserlicher Pfalz (unten). Oben: Roland am Rathaus.

stadt mit ihrem Burgberg, in der Spra-che der Denkmalschützer ein Flächen-denkmal. Quedlinburg wurde so als außergewöhnliches Beispiel einer gut erhaltenen mittelalterlichen Stadt ausge-zeichnet (obwohl 1994 die Restaurie-rung ganzer Straßenzüge erst noch geleistet werden musste). Die wichtigs-ten Einzelgebäude, nämlich die Stiftskir-che St. Servatius und das Renaissance-schloss auf dem Burgberg, haben ihren Platz aber nicht in der Fachwerkstadt, sondern über ihr. Den historischen Rang Quedlinburgs bezeugt ausdrücklich schon eine Kaiserurkunde der Ottonen aus dem 10. Jahrhundert, die Quedlin-burg »Metropole des Reiches« nennt.

Heinrich I. bedeutete der Burgberg so viel, dass er nicht nur für eine starke Pfalz sorgte, sondern auch Stadt und Burgberg seiner Gattin Mathilde vererb-te. Die Witwe, die ihn um über 30 Jahre überlebte, gründete ein adliges Damen-stift, das natürlich schon wegen seiner

Stifterin bei den adligen Familien Sach-sens und Thüringens als gute Adresse galt. Mathilde verstand es, mehr als eine Art Pensionat für höhere Töchter daraus zu machen, nämlich ein Zentrum der Bildung und der Kultur. Ihr Sohn Otto sorgte als Kaiser Otto I. für Kontinuität bei dem Familiensitz, bestätigte die Stif-tung und sicherte die Finanzierung des Unterhalts.

Architektonisch am wichtigsten ist die dem Stift benachbarte Stiftskirche St. Servatius, die in den Jahren 1017–1129 am Platz drei kleinerer Vorgänger-bauten entstand. Mit seinem Turmpaar aus dem 19. Jahrhundert und den mar-kanten vierseitigen Pyramidenaufsätzen (nach dem Zweiten Weltkrieg aufge-setzt) thront der Kirchenbau als konkur-renzloser Blickfang über der Stadt. Im Inneren dominiert die Romanik in der dreischiffigen Halle, trotz des um 1320 gotisch gestalteten Chors. Pfeiler und Säulen zwischen Haupt- und Seitenschif-

fen zeigen den »niedersächsischen Stützenwechsel«. Im Westen hatte der Kaiser seinen Platz, unter dem Chor befinden sich die Grabstätten Heinrichs I. und Mathildes, die Wandmalereien der Krypta – die als Bauwerk noch von der Vorgängerkirche stammt – wurden jedoch erst im 12. Jahrhundert geschaffen.

Romanik in Gefahr

Quedlinburg liegt, wie Halberstadt und Gernrode, an der »Straße der Romanik«. Auch in den Kirchen der Fachwerkstadt ist noch manches Romanische gegenwärtig, wenn auch teils »gotisiert« wie in der Marktkirche St. Benedikti, der ersten Kirche der um das Jahr 1000 entstandenen Kaufmannssiedlung. Bescheidenere romanische Spuren findet man in der Ägidiikirche, die nicht nur gotisiert, sondern zudem noch barockisiert wurde, und in der gotischen Kirche St. Nikolai und am sehr alten Turm der Kirche St. Blasii. Am ältesten ist die Um-

gangs-Krypta der Wipertikirche südwestlich vom Schlossberg, sie wurde um das Jahr 1000 eingebaut in eine schon 936–950 errichtete Basilika.

Das Thema, das heute viele Quedlinburger in ihrer so schön wiederhergestellten Stadt bewegt, ist ihr Schlossberg. Teile des Sandsteinmassivs drohen abzustürzen und abzurutschen. Das gefährdet nicht nur die romanische Stiftskirche und Stiftsgebäude, es könnte auch viele Fachwerkbauten zerstören. Die Stadt zählt noch nicht einmal 25 000 Einwohner und kann die Kosten von mindestens 15 Millionen Euro nicht aufbringen, auch das Land Sachsen-Anhalt nicht. Europäische Union und der Bund und das Land finanzieren vorerst das Sanierungs-Gutachten und erste Notmaßnahmen, auch die »Deutsche Stiftung Denkmalschutz« hat Hilfe zugesagt. Deren Spendenkonto lautet:
Commerzbank Bonn, BLZ 38040007, Kto.Nr. 3055555, Stichwort »340292 Quedlinburg Schlossberg«.

14 Goslar und 3000 Jahre Rammelsberg

Auf Silber gebaut

Die »Harzkaiser«, wie Theodor Fontane sie nannte, voran Heinrich II. und Heinrich III., bauten sich ihre wichtigste Burgresidenz vor bald 1000 Jahren am nördlichen Harzrand. Warum gerade hier, warum gerade am Waldhang über der Goslarer Stadtmauer? Das Kupfer und das Münzsilber aus dem nahen Rammelsberg machte den Platz begehrenswert. Der Goslarer Mauerring ist größtenteils erhalten und er umschließt einen der schönsten alten Stadtkerne Europas.

In einer Felskammer, in der er nur hocken konnte, hob der Bergarbeiter Schlägel und Eisen, um das Erz aus der Wand zu brechen – ein Sisyphus mit primitivem Werkzeug, zum Erbarmen. Rammelsberg reimt sich in Goslars Geschichte mit Reichtum, der Silberausbeute wegen. Für die Hauer und Pochjungen im Mittelalter war der Bergbau knochenharte, schweißtreibende und lebensgefährliche Plackerei. Erst 1833, nur ein Beispiel, erfand ein Harzer Bergmeister die »Fahrkunst«, die das mühsame, unfallträchtige Leiter-Steigen in den Schächten abschaffte. Zwei Gestänge mit Handgriffen und Tritten werden gegenläufig über ein »Kunstrad« um je zwei Meter bewegt. Hebt sich das eine, senkt sich das andere, und beim kurzen Stillstand kann der Bergmann auf ein Glockenzeichen übertreten. Das »Bergbaumuseum Rammelsberg« lässt auf 1000 Jahre Goslarer Bergbaugeschichte

zurückblicken. Von keinem anderen Bergwerk ist eine so lange kontinuierliche Nutzung bekannt. 968 schrieb der Mönch Widukind im Kloster Corvey in seiner Chronik von den »venas argenti«, den Silberadern im Rammelsberg – das früheste schriftliche Zeugnis. Aber die Erzförderung begann im Tagebau schon vor 3000 Jahren, haben Archäologen erkundet.

Geschätzte 22–30 Millionen Tonnen Kupfer-, Blei- und Zinkerze, mit beträchtlichem Silber- und kleinem Goldanteil haben die Bergleute über all die Zeiten aus dem Berg geholt. Im 11. Jahrhundert war es für die salischen Könige und Kaiser ein Staatsschatz, den sie der Natur verdankten. Darum entstand der erste Pfalzbau Heinrich II., am tatkräftigsten erweitert von Heinrich III. um 1040/1050. Bis 1253 rechnen die Goslarer ihre Zeit als königliche, kaiserli-

Im Zentrum der einst Freien Reichsstadt Goslar: Oben: die im 19.Jahrhundert wiederaufgebaute, modern verglaste Kaiserpfalz-Fassade. Unten: Direkt benachbart übertreffen einander kunstvolle Fachwerkhäuser. Rechte Seite oben: Die Türme der Marktkirche. Rechte Seite unten: Die reich mit Figuren geschmückte Fassade des Hauses Kaiserworth war einst Gildehaus der Tuchhändler.

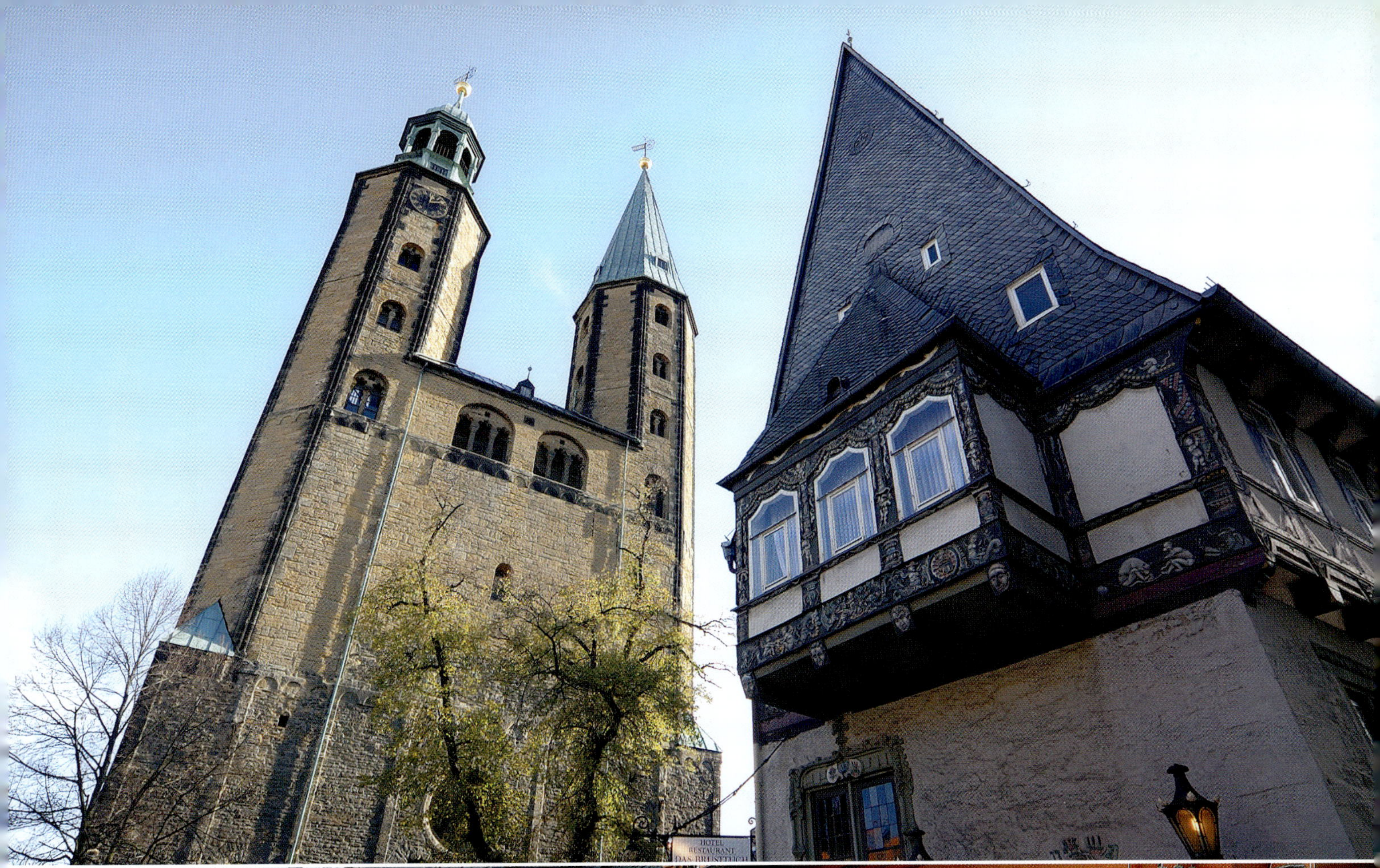

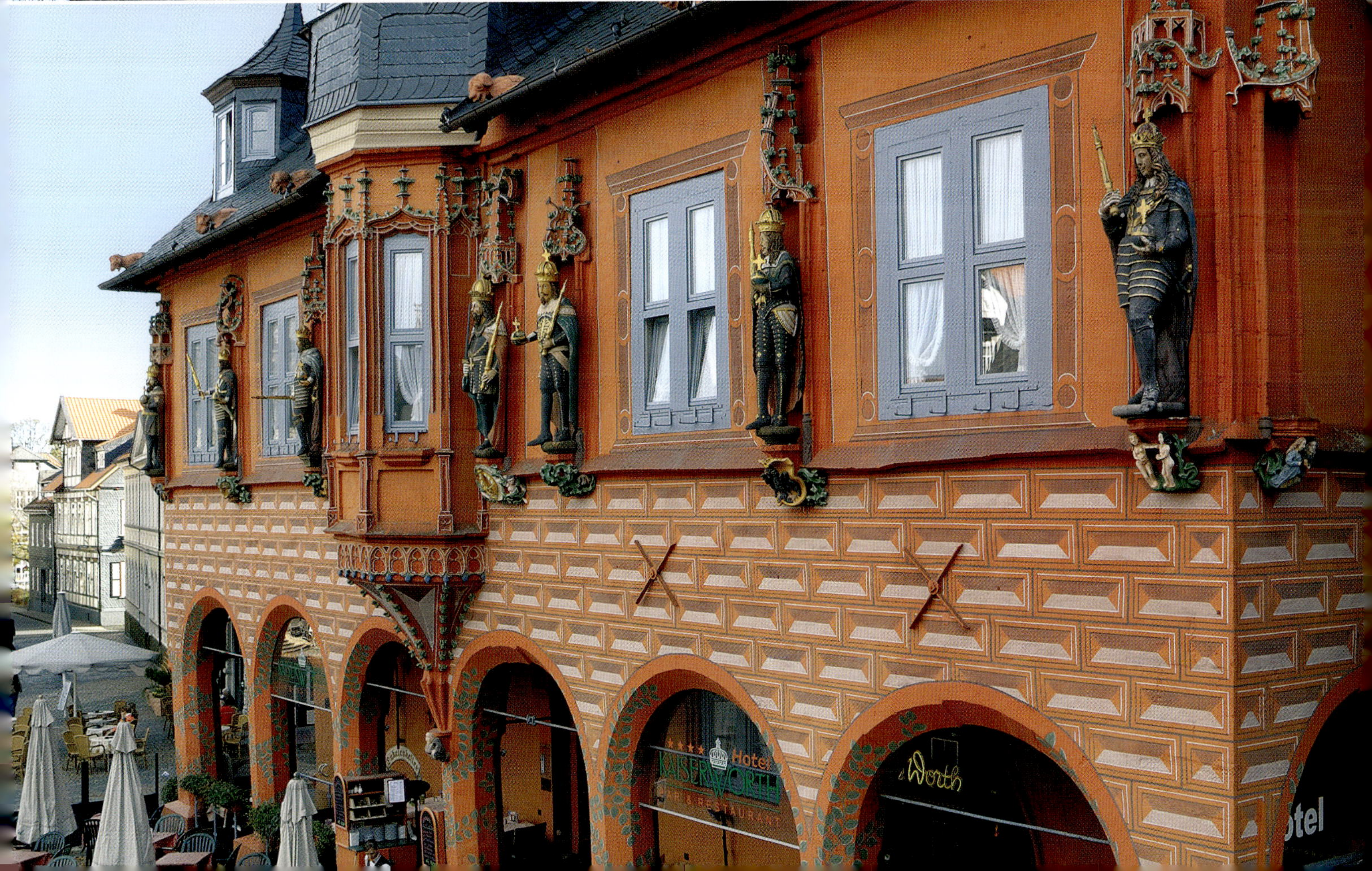
Hotel
KAISERWORTH

Grubenbahn des 20. Jahrhunderts
– mit solchen Fahrzeugen wurde
noch bis zur Stilllegung des Erzbergwerks gearbeitet.

che Residenzstadt. Fast hundertmal suchten die gekrönten Häupter die Kaiserpfalz auf, 23 Reichstage wurden veranstaltet.

Goslars Glück, Niedergang und Gewinn

Goslar profitierte davon. Schon um 920 gegründet, seit 1131 mit Stadtrechten versehen, seit 1281 Mitglied der Hanse, seit 1340 Freie Reichsstadt, gewann die Stadt am nördlichen Harzvorgebirge seit 1460 ihre Gestalt, die im Kern noch heute erkennbar ist. Letzteres verdankt sie freilich auch dem Dornröschenschlummer, in den die Stadt nach dem Verlust ihrer Bergrechte an die Wolfenbüttler Herzöge fiel; sie »modert mit ihren Privilegien«, notierte Goethe auf seiner Harzreise.

Das hemmte den Stadtbildturnus von Abriss und Neubau. Erhalten blieben zu Dutzenden romanische und gotische Kirchen, Kapellen und Klöster, auch die Straße um Straße, Gasse um Gasse

gepflegten Fachwerkhäuser unter ihren Schieferdächern – stattliche Patrizier- und Zunfthäuser, am prächtigsten das Haus der Tuchhändler namens »Kaiserworth« gegenüber dem Rathaus. Es lohnen längere Spaziergänge: Dies ist im weithin erhaltenen Ring ihrer Mauer und starken Tortürme eine der schönsten europäischen Altstädte. Golden glänzt der Reichsadler auf dem romanischen Marktbrunnen, ohnegleichen ist der »Huldigungssaal« im Rathaus: klein, aber kostbar, aufs Feinste ausgemalt bis in die Fensternischen und auch noch die Decke. Geschnitztes Rankenwerk bekrönt die vor fünf Jahrhunderten geschaffenen Wandtafeln. Mit aufwendiger Klima- und Lichttechnik wird die Kostbarkeit bewahrt.

Fast wie neu ist die Kaiserpfalz am Südrand der Stadt anzusehen. Erklärlich, da zu Beginn des 19. Jahrhunderts nur noch eine Ruine geblieben war. Als Goslar 1866 zum zweiten Mal unter preußische Herrschaft kam (zuerst 1803–1815), ging man ans Restaurieren, baute auch neu. Ohne Scheu vor Zeit-

Erlebnis Rammelsberg: Im berühmten Roeder-Stollen trifft man auf das riesenhafte Wasserrad (oben), über Tage hat in der Eingangshalle an prominenter Stelle das historische Arbeiterbild seinen Platz (Mitte). Unten: Waschkaue – die Kleidung wird zur Decke hinaufgezogen. Maschinenraum (rechts). Rechte Seite: Betriebsgebäude des Erzbergwerks.

sprüngen: Den großen wandfüllenden Werken des Düsseldorfer Akademieprofessors Hermann Wislicenus ist auf den ersten Blick anzusehen, dass sie nicht dem Mittelalter, sondern der wilhelminischen Historienmalerei zugehören.

Ein Museum des Erzes und der Arbeit

1988 fuhren zum letzten Mal Kumpels zur Arbeit in den Rammelsberg ein. Der Abbau lohnte nicht mehr, die Grube wurde stillgelegt. Vier Jahre später bekam Goslar den erhofften Platz auf der Welterbe-Liste – und zwar sowohl für die Altstadt als auch für das Rammelsberg-Museum, das praktisch die gesamten Betriebsstätten am Hang des Berges einschließt. Über Tag bewegen sich die Besucher frei: im Museumhaus A wie (Erz-)Aufbereitung mit Maschinen und einer Mineralogie-Ausstellung, im Museum K und L wie Kraftzentrale und Lohnhalle/Kaue und im Museum M wie Magazin, wo der museale Rundgang durch die Bergbaugeschichte geboten wird.

Die Museumsmacher zeigen einerseits die authentischen Technik- und Arbeits-räume, andererseits laden sie zur Begegnung mit der Entwicklung von Bergbau-technik und Wirtschaft, Sozialgeschichte, auch Kultur- und Kunstgeschichte ein. Das Miteinander von Arbeitswelt und historischer Darstellung ist spannend genug, hinzu kommen die Führungen in das Besucherbergwerk, zur Auswahl ein- bis vierstündig und natürlich auch kombinierbar. Da erscheint einem ein Tag für den Besuch von Rammelsberg bald zu kurz.

Zu den Höhepunkten zählen sicherlich die Fahrten mit der Grubenbahn des 20. Jahrhunderts zum 100-jährigen Richtschacht, mit Vorführungen der Abbau- und Fördermaschinen, dann im rund 200 Jahre alten Roeder-Stollen die riesigen Wasserräder, mit denen die Pumpen zur unentbehrlichen Entwässerung der Stollen angetrieben wurden. Fantastische Farben erlebt man in einem der ältesten Bergbaustollen Deutschlands: Wo schon um 1150 Bergleute, wie eingangs beschrieben, mühselig in jahrelanger Arbeit sich abrackerten, zeigen die Stollenwände im Lampenlicht den –maximal jeweils acht – Besuchern türkisfarbene, meerblaue und stark rot-goldene Vitriole (Sulfatverbindungen von Kupfer und Zink).

ALTDEUTSCH UND MODERN

Solide wie der mittelalterliche Rundturm der Goslarer Stadtbefestigung, der dem Hotel den Namen »Der Achtermann« gab, liegt es direkt an der Altstadt und doch nur zwei Minuten vom Bahnhof entfernt. Ein Schwimmbad und fünf verschiedene Saunen erwarten die Gäste. Unter Denkmalschutz stehen die »Altdeutschen Stuben« im historischen Turm, eines von drei Restaurants.
Hotel Der Achtermann: Rosentorstraße 20, 38640 Goslar, Tel. 0 53 21-70 00-0, Fax 0 53 21-70 00-9 99, E-Mail: info@der-achtermann.de, www.hotel-der-achtermann.de, 152 Zimmer, Parkhaus benachbart.

AUSKUNFT

Tourist-Information: Markt 7, 38640 Goslar, Tel. 05 23 21-7 80 60, Fax 05 23 21-78 06 44, E-Mail: tourist-information@goslar.de, www.goslar.de
Weltkulturerbe Rammelsberg – Museum und Besucherbergwerk: Bergtal 19, 38640 Goslar, Tel. 0 53 21-7 50-0, Fax 05 23 21-75 01 30, E-Mail: info@ rammelsberg.de, www.rammelsberg.de

Oben: St. Michaelis wurde von Bischof Bernward zu Beginn des 11. Jahrhunderts als seine Grabeskirche begonnen und unter Bischof Godehard fertiggestellt. Unten und rechte Seite: Stilgerecht rekonstruierte Gebäude wie das Tempelhaus, Knocherhauer Amtshaus und Bäckeramtshaus auf dem Marktplatz lassen die Vergangenheit lebendig werden.

15 Hildesheim – frühe Kunst der Romanik

Im Zeichen des Rosenstocks

»... viele enge und winkelige Gassen, besetzt mit hohen, altertümlichen Häusern, deren obere Stockwerke überragen und mit Erkern und reichem Schnitzwerk versehen sind«, so sah Hildesheim einst aus. Im Zweiten Weltkrieg wurden noch im März 1945 70 Prozent der Stadt dem Erdboden gleichgemacht. Aber die Hildesheimer gaben nicht auf. Wie der legendäre 1000-jährige Rosenstrauch am Dom unter den Trümmern des Doms doch wieder austrieb und wuchs, so bauten sie ihre Stadt und die beiden kostbarsten Gotteshäuser – Dom und Michaelskirche – wieder auf.

Die UNESCO bestätigte 1985 den Hildesheimern mit der Aufnahme in die Welterbe-Liste das Gelingen des Wiederaufbaus sowie den historischen und architektonischen Rang von Dom und Michaelskirche. Beide bezeugen die strenge Schönheit der Romanik. Der Dom, ursprünglich älter als die Michaelskirche, nämlich schon aus dem 9. Jahrhundert, brannte 1046 ab und wurde nach der Mitte des 11. Jahrhunderts erneuert. Kein anderer deutscher Dom ist im Zweiten Weltkrieg so sehr zerstört worden wie dieser.

Die Klosterkirche St. Michael entstand nach einem Entwurf und unter Leitung Bischof Bernwards bereits ab 1010. Sie ist im Kern eine dreischiffige Basilika, der aber vier Querschiffe angefügt sind. Als weitere Besonderheit der St.-Michaels-Kirche wechseln erstmals Pfeiler und Säulenpaare zwischen Haupt- und Seitenschiffen und gliedern somit den Raum. Man nennt dies »niedersächsischer Stützenwechsel«. Die üppig bemalte Holzdecke stammt aus dem 12. Jahrhundert und ist original erhalten – 1943 wurde sie abgenommen und sicher gelagert.

Bischof Bernward und die Kunst

Bernward war eine der großen Persönlichkeiten um die Jahrtausendwende, in einer Zeit, aus der in Europa zumeist nur die Namen von Kaisern und Königen bis heute im Bewusstsein geblieben, die Namen von Künstlern aber kaum

überliefert sind. Er wurde um 960 in eine Adelsfamilie geboren und starb im Jahr 1022. Bernward war als Erzieher des jungen Otto III. in der Welt der Herrscher zu Hause. Er war weit gereist und hatte sich herausragende Kenntnisse in Theologie, Mathematik und Medizin angeeignet. Mit 33 Jahren wurde er Bischof von Hildesheim – damals die bedeutendste Stadt weit und breit, Hannover existierte noch nicht. Kunstwerke entstanden auf seine Initiative hin oder wurden, wie von seinem Biografen Thangmar bezeugt, von ihm selbst geschaffen. Bernward gründete in Hildesheim eine Kunstschule, die Malerei, Erzgießerei, Goldschmiede- und Buchkunst lehrte. Als »Bernwardskunst« bezeichnet die Kunstgeschichte die niedersächsischen Kunstwerke des frühen 11. Jahrhunderts.

Als Bernwards Hauptwerke gelten das silberne Bernwardskruzifix, die Christussäule, deren Spiralreliefband Evangelienszenen darstellt, vergleichbar der antiken Trajanssäule in Rom, und das figurenreich geschmückte silberne Leuchterpaar – jedes für sich allein ist eine Reise nach Hildesheim wert. Die beiden hohen bronzenen Domtüren, ursprünglich für die Kirche St. Michael geschaffen, zeigen auf ihren acht Relieffeldern Szenen vom Paradies, von Kains Brudermord und vom Leben Jesu – in so meisterhaft konzentrierter Form, so anrührender Gestik, dass man bald wieder vor ihnen zu stehen hofft. Übrigens ist auch die handwerkliche und technische Leistung im frühen 11. Jahrhundert einzigartig: Die 4,72 Meter hohen, tonnenschweren Türen wurden jeweils in einem Stück gegossen.

16 Essen: Zeche Zollverein

Musterzeche und Kulturkonzepte

1986 war das Jahr des neuen Anfangs, als die einst so moderne Zeche stillgelegt und unter Denkmalschutz gestellt wurde. 1847, als der Unternehmer Franz Haniel den ersten Schacht des Kohlebergwerks abteufen ließ, war der Name »Zollverein« ein Fortschrittssignal – mit der Gründung des Deutschen Zollvereins 1834 waren Schranken der deutschen Kleinstaaterei-Wirtschaft gefallen. Statt Koks und Kohle gilt auf der Zeche Zollverein heute: Kultur und Kunst – in vielerlei Gestalt.

Gedrungen, breitbeinig, nicht umzuwerfen – so steht der Förderturm als Wahrzeichen der Zeche Zollverein über dem Werksgelände. Er ist zugleich ein Beispiel von vielen, wie hier in fast 150 Jahren Kohlebergbau neue Ideen geboren und verwirklicht wurden. Zuvor kannte man Fördertürme als filigrane Gebilde, hier setzte man erstmals massive Stahlträger mit großem Querschnitt ein. Den Gründer Franz Haniel (1779 bis 1868) hatten Beobachtungen auf einer Englandreise zum Erwerb von Grubenfeldern bei Essen motiviert. Englands Industrie war damals die Fortschrittslokomotive Europas dank Dampfmaschine, Erz- und Kohlebergbau sowie Schienentransport. Mussten auf dem Kontinent zur Eisengewinnung noch die knapper werdenden Holzreserven verfeuert werden, benutzte die britische Industrie bereits das »schwarze Gold«, die Steinkohle. Der Unternehmer Franz Haniel hatte Bergbau-Erfahrung und reüssierte. 1851 förderte die Zeche Zollverein be-

reits 13 000 Tonnen Kohle, 40 Jahre später brachte sie Haniels Erben jährlich rund 1 000 000 Tonnen ein.

Warum Weltkulturerbe?

Es gab zwei Gründe, warum die Zeche und Kokerei Zollverein zum Weltkulturerbe erklärt wurde. Zum einen sei die Zeche ein Denkmal einer in Mitteleuropa verschwindenden Arbeitswelt, zum anderen wegen der Zollverein-Architektur der frühen 30er-Jahre des 20. Jahrhunderts. Zwei junge, noch unbekannte Architekten, Fritz Schupp und Martin Kremmer, bekamen den Auftrag von der »Vereinigten Stahlwerke AG«. Diesem größten Stahlkonzern der deutschen Schwerindustrie hatten die Haniels im Jahr 1926 auch ihre Zeche Zollverein übereignet. Die »Vereinigten Stahlwerke« ließen die inzwischen technisch veraltete Zeche unterirdisch und oberirdisch erneuern.

Oben: Der Förderturm der Zeche Zollverein, der zum Symbol wurde, mit seiner wuchtigen Silhouette. Unten: Arbeitshalle, zum Casino-Restaurant umgebaut. Rechte Seite oben und unten: die schwärzliche, rigoros geregelte Arbeitsszene – in farbiger Beleuchtung ist sie als ästhetisches Ereignis zu erleben.

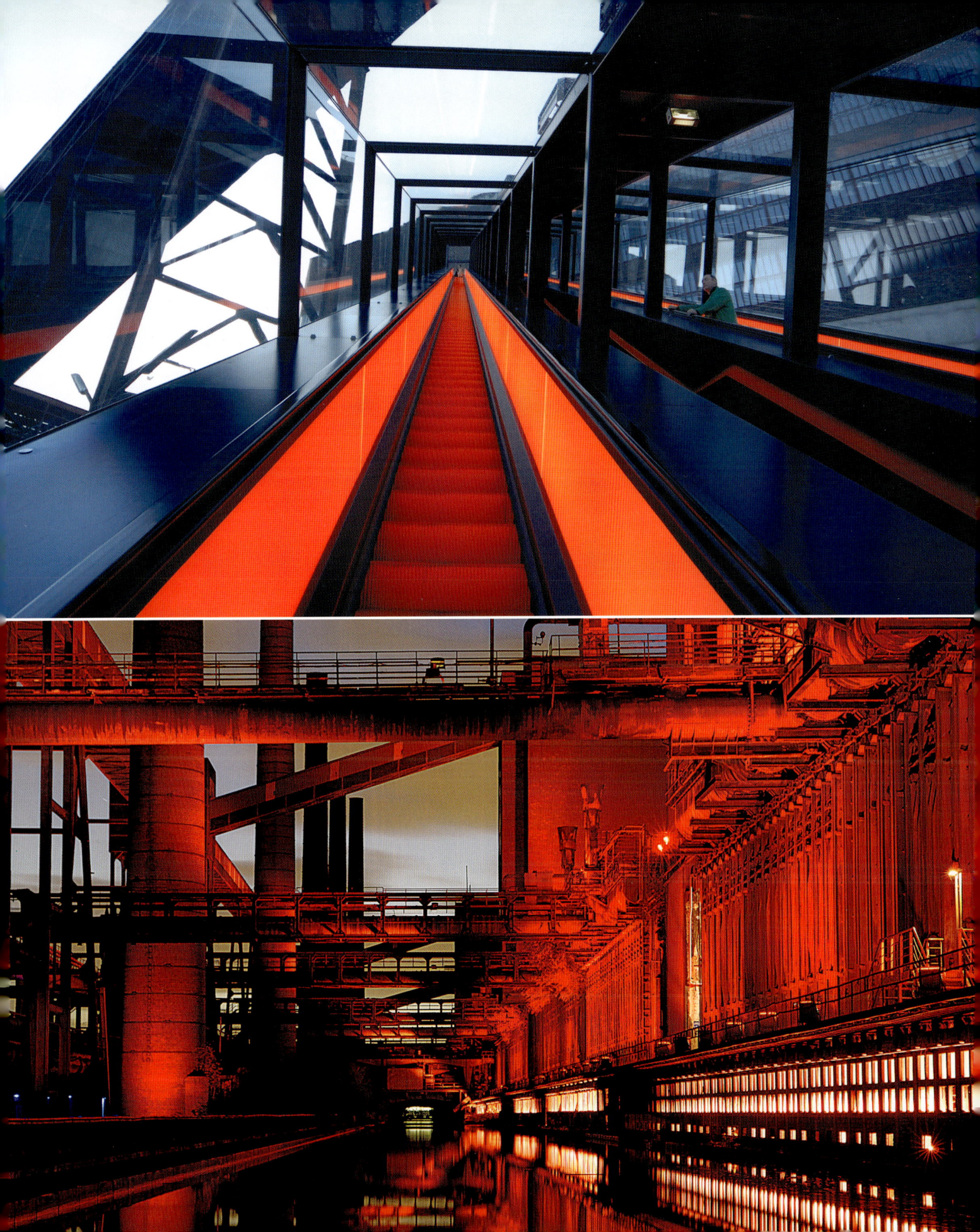

Oben: Ein alter Grubenwagen am Museumspfad. Mitte: Die grüne Natur holt sich das einstige Arbeitsgelände zurück, Rost überzieht das Gerät. Unten: Arbeitsschutz-Warntafel am Museumspfad, dem ehemaligen Wagenumlauf. Rechte Seite: Stilprägend wurde die klassisch klare Linie der Industriearchitektur auf der Zeche Zollverein.

Unterirdisch wurden die selbstständig fördernden Schachtanlagen mit ihren insgesamt zwölf Schächten so verknüpft, dass die gesamte Kohleförderung über einen einzigen neuen Schacht ans Tageslicht transportiert werden konnte. Täglich konnte nun fast so viel Kohle gefördert werden wie 1841 in einem ganzen Jahr.

Oberirdisch entwarf die Architektengemeinschaft Schupp/Kremmer kubische Backsteinhallen, die mit ihrer nüchternen Größe und Gleichförmigkeit beeindrucken, aber auch mit ihrer parallelen Reihung oder symmetrischen Anordnung – insgesamt als eine schnörkellose, wuchtige Demonstration von Produktionsmacht.

Die ambitionierten Jungarchitekten ließen den rechten Winkel uneingeschränkt auch in der Fassadengestaltung mit Eisenfachwerken triumphieren, die sich mit geringen Maßunterschieden an sämtlichen Hallen finden. Die entstehenden Rechteckformen können je nach Bedarf verglast, mit Ziegelwerk oder Wärmedämmung versehen werden oder offen bleiben.

Rationalität und der Zeitgeist der neuen Sachlichkeit in den 20er-Jahren des 20. Jahrhunderts sind unverkennbar – wie auch das Verlangen nach der großen architektonischen Geste. Wurden doch gerade keine funktionellen Räume entworfen, sondern austauschbare Mega-Container, in die je nach wechselnden Anforderungen unterschiedlichste technische Anlagen eingebaut werden konnten.

Das ist der heftige Kontrast, den jeder nicht hüttenkundige Besucher erlebt: draußen ebenmäßige Glätte und souveräne Ruhe, drinnen in den Hallen aber eine schwer überschaubare, schwärzliche, erst einmal kaum verständliche Arbeits- und Maschinenwelt, in ihren unteren Bereichen und niederen Geschossen düster, lichtarm. Dieser Kontrast ist kein Fehler – falsch wäre es, wenn es anders wäre.

Denn jeder Besucherrundgang will erstens zeigen, wie die brockenweise aus den Stollen geförderte schwarze Energie zum Gebrauch in Hochöfen oder Heizungskellern aufbereitet wurde – und zweitens, was für eine Schwerarbeit dafür von Generation um Generation geleistet wurde. Zum Beispiel an den »Lesebändern« in der Siebhalle: Die Kumpels lasen dort mit bloßen Händen alle Kohlestücke mit über acht Zentimetern Durchmesser aus, beim pausenlos überlaut dröhnenden Lärm der nebenan entleerten Loren. Ohrenschutz gab es nicht, nach wenigen Monaten waren die meisten Arbeiter halb taub. Handschuhe gab es übrigens auch nicht, weil es zu gefährlich war, sie gerieten zu leicht zwischen Laufband und Führung.

Staunen, entdecken, gestalten

Man kann die Welterbe-Hallen auch ganz anders nutzen, zwischen den Maschinen Museumsschätze zeigen, Ausstellungen und Konzerte veranstalten, Filme vorführen und Feste feiern. Das Design-Museum »red dot« gibt es schon, das neue »Ruhrmuseum« zieht in

die renovierte »Kohlenwäsche« ein (2007). Schon 2006 bezog die »Zollverein School of Management and Design« einen kubischen, dennoch spielerisch freien Neubau des japanischen Büros Sanaa am Rande des Werksgeländes.

Das Freigelände bildet einen überraschenden Kontrast zu den Werkshallen. Picknickplätze liegen im Grünen, die Natur hat zwischen den Industriedenkmälern viel Terrain zurückgewonnen. Zum sommerlichen Bad lädt ein ehemaliges Werksschwimmbecken ein. Wer ein Nachtquartier sucht und bei einer Familie wohnen mag, findet Auswahl in der Nähe – auch bei ehemaligen Bergmannsfamilien (»Zollverein Touristik«).

Programme gibt es auch unter Tage: Vollmondführung über Kohle und Koks, Steigerführungen mit Püttgeschichten, Bier und Wein, Familienschicht für Kinder und Eltern. Über Tage verleiht die

»Revier-Rad-Station« Räder und bietet einen 12-Kilometer-Rundkurs durch das Zechengelände an. In der ehemaligen Waschkaue der Bergleute entwickelt das Choreographische Zentrum PACT Tanzvorführungen, holt Literatur und Fotografie in ihre Programme. Auch wirtschaftlicher Erfolg ist da. »Binnen weniger Jahre konnten die frei gewordenen Räume zu 99 Prozent vermietet werden«, berichtet die Projektleiterin der Kultur-Tourismus-Kooperationen. Viele Künstler haben sich einquartiert.

Einer von ihnen ist der Maler, Fotograf und Autor Thomas Rother. Mit seiner Frau bewohnt und besitzt er den »Kunstschacht«, zwei geräumige Hallen, die dennoch bis unter die Decke und in die allerletzten Winkel mit den Objekten seines unbegrenzten Schaffens- und Sammlereifers gefüllt sind. Vor seiner Tür steht schwergewichtiges Erbe: Industriegerät verwandelt in Kunstobjekte.

JUGENDSTIL UND JÜNGSTE MODERNE

Das Stadthotel »Margarethenhöhe« dominiert mit seiner schön gegliederten Fassade den historisch bewahrten Marktplatz und überrascht mit modernem und bemerkenswert gebrauchsfreundlichem Design, ausgewählt von Maria und Harald Mintrop. Eine ruhige Wohlfühl-Adresse mit stimmigem Restaurant, Tagungsräumen, Internet.
Hotel Margarethenhöhe: Steile Straße 46, 45149 Essen-Margarethenhöhe, Tel. 02 01-43 86-0, Fax 02 01-43 86-100, E-Mail: info@margarethenhoehe.com, www.margarethenhoehe, 30 Zimmer.

AUSKUNFT
Touristikzentrale Essen im Handelshof: Am Hauptbahnhof 2, 45127 Essen, Tel. 02 01-1 94 33 und 8 87 20-48, Fax 02 01-8 87 20-44, E-Mail: touristikzentrale@essen.de, www.essen.de
Besucherzentrum Zollverein: Tel. 02 01-8 30 12 75, E-Mail: besucherzentrum@ zollverein.de, www.zollverein.de

Die Arbeit der Steinmetzen überzieht den gesamten Dom, von den Pfeilern zu den Fenstern, von den Fassaden bis zu den Türmen. Oben: Westportal mit seiner Fülle von Figuren. Unten: Im Chor des Doms. »Himmelstrebend« ist ein Schlüsselwort für die religiöse Architektur der Gotik. Rechte Seite: Der Dom bei Nacht.

17 Auf der ewigen Baustelle Kölner Dom

Wahrzeichen frommen Deutschlands

Die Vollendung des Doms lag noch in ferner Zukunft, als der weitgereiste Georg Forster, eher ein Mann der kritischen Analyse als ein Romantiker, bei seinem Köln-Besuch im Jahr 1790 notierte: »Wir gingen in den Dom und blieben darin, bis wir im tiefen Dunkel nichts mehr unterscheiden konnten. So oft ich Köln besuche, geh ich immer wieder in diesen herrlichen Tempel, um die Schauer des Erhabenen zu fühlen ... Die Pracht des himmelan sich wölbenden Chors hat eine majestätische Einfalt, die alle Vorstellung übertrifft. In ungeheurer Länge stehen die schlanken Gruppen der Säulen da, wie die Bäume eines uralten Forstes ...«

Heute, gut zwei Jahrhunderte später, sind es jährlich rund sechs Millionen Menschen, die in den Dom eintreten. Wer zu den Fundamenten des Doms hinabsteigt, begibt sich in die Tiefe der Zeiten, findet dort in Panzerglasvitrinen nicht nur Teile des kostbaren Domschatzes, sondern auch freigelegtes römisches Mauerwerk und Reste des ehemaligen karolingischen Doms. Auch der war nicht der erste Kirchenbau auf Kölns hohem Rheinufer. Die Kölner hatten Christen schon 1000 Jahre in ihrer Stadt, als sie um das Jahr 1220 mit der Planung eines Neubaus ihres Domes anfingen. Der Handelsplatz Köln war damals die größte Stadt der Deutschen mit etwa 50 000 Einwohnern.

Die Dom-Baugeschichte liest sich als ein Wechselbad von großem, auch großspurigem Vorsatz und widriger Finanzlage, von hartnäckigem Beharren und heftiger Blockierung. 1248 wird der Grundstein gelegt, 1322 der Chor geweiht. 1560 ist die riesige Westfassade zum Domplatz noch immer fern der Vollendung, aber alle fünf Schiffe des Langhauses sind bis zu der vergleichsweise bescheidenen Höhe von 13,50 Meter überdacht und damit auch der gesamte Fußboden. Das war auch gut so. Denn der Dombau, der die großen Vorbilder der französischen Gotik übertreffen sollte – Chartres, Reims und Amiens – stockte nun, für Jahrhunderte stand eine Bauruine am Rhein.

Unter dem Dach des Domes, das genietete metallene Tragwerk stammt aus dem 19. Jahrhundert.

Domschätze: oben der gotische Klaren-Altar, in der Mitte der prunkvolle Schrein der Heiligen Drei Könige, der ihre in Mailand erbeuteten Gebeine bewahrt, unten ein Bronze-Engel am Westportal. Rechte Seite: Die filigrane Innenarchitektur des Doms lässt den mächtigen Raum fast schmal erscheinen.

Die Bauruine wird zum höchsten Dom

Vielerlei kam zusammen, um die Baustelle Dom im 19. Jahrhundert neu zu beleben. Vorrangig die Zuwendung zur Geschichte und die steigende Bewunderung der Romantiker für die Welt des Mittelalters. Nach den Napoleonischen Kriegen wuchs auch die Sehnsucht nach einem nationalen Symbol, gerade weil der Weg der Deutschen zu nationaler Einigung noch sehr lang schien. Die Rheinländer Joseph Görres und Sulpiz Boisserée, dazu der Preuße Karl Friedrich Schinkel, waren Wortführer. Ein glücklicher Fund half. Auf einem Darmstädter Dachboden wurde der mittelalterliche Aufriss der Domfassade entdeckt. Ein Mitarbeiter Schinkels, Ernst Friedrich Zwirner, avancierte 1833 zum Dombaumeister. Geld kam durch Spenden und Lotterien zusammen, zwei Drittel stammten vom 1841 gegründeten Zentraldombauverein. Von 1852 an wurde wieder gebaut, schon 1863 war der gesamte Innenraum zugänglich, 1880 wurde die Kölner Kathedrale mit der letzten steinernen Kreuzblume auf dem Südturm vollendet.

Im Zweiten Weltkrieg verschonte die alliierte Luftwaffe den Dom nicht, doch die berühmten Türme blieben am Rande der zu 90 Prozent zerstörten Altstadt stehen. Auch nach der Schadensbehebung und Restaurierung endete die Arbeit der Dombauhütte nicht. Nun war es die industrielle Luftverschmutzung, die den Stein angriff und bis heute schädigt. Den Dom ohne Gerüste zu sehen ist fast unmöglich. Doch im Spätsommer 2006 waren immerhin die Hauptfassade und die beiden Türme gerüstfrei – und ihre gotische Pracht bot ungestört den immer wieder staunenswerten Anblick kraftvoller Monumentalität und zugleich zarter, filigraner Gliederung!

Im Inneren zieht die Halle des Mittelschiffs den Blick in die Tiefe des Raums und in die Höhe zu den beeindruckenden Kreuzgewölben. Die Mittelschiff-Höhe von 43 Metern lässt den mächtigen Raum fast schmal erscheinen. Im Querhaus ist der Dom 86 Meter breit, die Länge des Doms beträgt 144 Meter. Von den farbigen Fenstern befinden sich die ältesten im Chorumgang, wie die beiden Bibelfenster (um 1260 und um 1275), sowie im Obergaden des Chors wie die Königsfenster (1310). Die Fenster im nördlichen Seitenschiff mit biblischen Szenen und den Kölner Ritterheiligen stammen aus dem frühen 16. Jahrhundert. Gegenüber im südlichen Seitenschiff haben die 1842 von König Ludwig I. gestifteten »Bayernfenster« überdauert.

In der Fülle der Bilder, Skulpturen und Mosaiken ist das Gerokreuz aus dem 10. Jahrhundert (gestiftet von Erzbischof Gero) eines der bedeutendsten Kunstwerke. Das Monumentalkruzifix, das den soeben verstorbenen Christus zeigt, ist auch eines der als wunderkräftig angesehenen Heiligtümer des Domes, ebenso wie das Gnadenbild »Mailänder Madonna« und die Reliquien der Heiligen Drei Könige, die der Erzbischof und Reichskanzler Rainald von Dassel 1164 aus Mailand nach Köln entführte. Für diese Reliquien schuf Nikolaus von Verdun um

1190–1225 den goldenen Dreikönigs-Schrein, der beim Hochaltar im Zentrum des Chors steht.

Damit es nicht zu laut wird im Dom

Schauend und bewundernd kann man Stunden im Dom und in der Schatzkammer verbringen. Tatsächlich reichen den meisten der eingangs erwähnten jährlich sechs Millionen Besucher fünf bis zehn Minuten – ob sie Andacht halten oder den authentischen Ort erleben wollen. Damit es keinesfalls zu laut wird im Dom, damit Besinnung und Gebet möglich bleiben, gilt seit Längerem schon die Regel, dass nicht mehr als zehn Führungen zu gleicher Zeit stattfinden und nicht mehr als 25 Besucher an einer Führung teilnehmen.

Immer weniger Christen kommen heute zu den Gottesdiensten – doch immer mehr Menschen besuchen alte Kirchen und Dome. Umso intensiver sucht das Metropolitankapitel zum Beispiel die rechte Art, Dom-Führungen zu veranstalten – nämlich den sehr unterschiedlichen Gruppen einen Ort des Glaubens zu zeigen, der mehr ist als ein Museum.

Eine Bedrohung für das Ansehen des Domes – im wörtlichen wie im übertragenen Sinn! – konnte 2006 zurückgewiesen werden. Unversehens war Köln auf die Rote Liste des Weltkulturerbes geraten. Ohne vorherige Abstimmung mit dem UNESCO-Komitee hatte die Stadtverwaltung Investoren für den Bau von fünf Hochhäusern in Deutz auf dem linken Rheinufer, gerade gegenüber dem Dom, grünes Licht gegeben. Die klassische Stadtsilhouette drohte auf lange Zeit verhunzt zu werden. Das erste Turmhochhaus stand schon, aber fünf Domkonkurrenten dieser Art wären zu viel gewesen. Am Rhein begann man zurückzurudern. Überraschend zeigten sich die Investoren niedrigeren Baukörpern nicht mehr abgeneigt. Kölns Dom konnte von der Roten Liste gestrichen werden.

AUSKUNFT

Köln Tourismus GmbH: Unter Fettenhennen 19, 50667 Köln (gegenüber vom Hauptportal des Domes), Tel. 02 21-2 21-2 33 32, www.koelntourismus.de oder www.koeln.de

Das Domforum: das Besucherzentrum des Kölner Domes – befindet sich an der Domplatte, rechts gegenüber dem Domportal. Domführungen Tel. 02 21-92 58 47-30. Multivision »Faszination Kölner Dom« (20 Minuten).

Lebensfroher Sommerabend in der ersten deutschen Welterbe-Stadt. Oben: Restauranttische in der Altstadt. Unten: Nahe dem Dom im Bereich der Thermalquellen, die schon die Römer kannten. (Rechts im Bild ein wiederaufgebauter Säulenrest des antiken Quirinusbades.) Rechte Seite: Domturm über einer Gasse.

18 Der Aachener Kaiserdom im Herzen Europas

Kaiservision und Heiligtum

Als erste Stätte Deutschlands wurde der Dom von Karl dem Großen 1978 in die Liste des Weltkulturerbes aufgenommen. Schon über 1200 Jahre steht der Zentralbau des Oktogons, der das Beste ist, das uns aus der Karolingerzeit erhalten blieb. Aachens Dom ist ein Sinnbild für mittelalterliche Frömmigkeit mit der aus antiker Tradition hergeleiteten Herrschervision des Größten der Karolinger.

Seine Herrschaft umfasste Frankreich, Belgien, Oberitalien und reichte bis zur Elbe. Karl versuchte, Gerechtigkeit bei der Reichsverwaltung per Gesetz zu sichern und wollte dazu lokale Herrschaftsstrukturen brechen. Deshalb verpflichtete er die Männer (von 12 Jahren aufwärts) in seinem vielsprachigen Reich durch persönlichen Eid, ihm zu gehorchen. Er schickte Anordnungen mit praktischen Hinweisen in sein Reich, Landwirtschaft oder andere Alltäglichkeiten betreffend. Auch die Aufnahme antiker Kultur in Baukunst, Schulbildung und Schrift wurden von ihm gefördert. Karl wählte kluge und kenntnisreiche Persönlichkeiten zu Beratern aus, unter ihnen seinen Biografen Einhard.

Durch dessen Lebensbeschreibung ist uns Karl der Große gegenwärtig, obwohl uns kein Bildnis aus seiner Zeit überliefert wurde. Und beim Betreten der achteckigen kuppelüberwölbten

Palastkapelle – das Herzstück seines Domes, erbaut um 800 –, erkennen wir, welche schöpferische Kraft diesem Herrscher aus einem kriegerischen Geschlecht mitgegeben war. Die Kaiserwürde beanspruchte er, weil er in die Rolle des römischen Imperators durch politisches Zielbewusstsein hineingewachsen war.

Marienschrein, Karlsschrein und Karlsthron

Karl der Große ließ seine Palastkirche nach dem Vorbild byzantinischer Bauten (es gibt Ähnlichkeiten mit San Vitale in Ravenna) errichten. Sie war und ist eine Marienkirche. Sogleich fällt das Gnadenbild »Unserer Lieben Frau von Aachen« aus dem 14. Jahrhundert ins Auge, rechts vor dem Hauptaltar ins Oktogon gerückt, Ziel vieler Wallfahrer. Seit dem Mittelalter ist der Dom eine Reliquien-

Der Goldglanz des Mittelalters: der Karlsschrein mit sterblichen Resten des Kaisers. Mitte: So blickt man hinauf ins
Oktogon des Doms und zu den Mosaik-
bildern. Unten: schlicht und ehrwürdig:
Kaiser Karls Thron aus antiken Steinplatten. Rechte Seite: Am Brunnen »Kreislauf
des Geldes« (unten). Oben: vergoldete
Figur am Haus Löwenstein.

stätte. Alle sieben Jahre (nächstens 2007) werden vier biblische textile Heiligtümer den Pilgern gezeigt, darunter das Lendentuch des gekreuzigten Christus. Aufbewahrt werden die Reliquien im vergoldeten Marienschrein in der spätgotischen Chorhalle, die wegen ihrer schlanken, hohen Fenster bald »das Glashaus von Aachen« genannt wurde. Dort glänzt von der Höhe die doppelseitige Strahlenkranzmadonna, Maria, die die Schlange zertritt.

In der Apsis ruhen die sterblichen Reste von Karl dem Großen im Karlsschrein, einem Meisterwerk maasländischer Goldschmiedekunst. Auf einer Längsseite sind die Bilder von 16 seiner Nachfolger zu sehen. Bei seinem Tod – er starb im damals hohen Alter von 72 Jahren – wurde Karl vor dem Hochaltar bestattet, 1165 ließ ihn Kaiser Friedrich Barbarossa heilig sprechen.

Am Ansehen und der Größe Karls wollten auch andere Herrscher teilhaben – 30 Könige und 12 Königinnen wurden im Mittelalter nach feststehendem Zeremoniell im Dom gekrönt und nahmen auf dem Thron Karls des Großen auf der Empore Platz. Der ist aus antiken Marmorplatten gefertigt und beeindruckt durch seine Schlichtheit. Im Zweiten Weltkrieg wollte ihn die Hitlerregierung nach Berlin entführen, aber mit dem Argument, der Thron könne ohne Schaden nicht fortbewegt werden, verhinderten die Aachener das. Um ihn im Bombenkrieg zu schützen, ummauerten sie ihn bald darauf. Gut, dass der Thron diesen Schutz erhielt, der Dom blieb nicht unbeschädigt. Doch er stand am

Ende noch, inmitten einer völlig zerstörten Innenstadt, auch dank der unermüdlichen Feuerwache von Jugendlichen, die jeden neuen Brandherd bekämpfte. Umfangreiche Reparaturen zur Sicherung des Domes wurden gleich nach dem Krieg vorgenommen, es gab keine Unterbrechung der täglichen Gottesdienste. Jetzt gerade sollen die kostbaren Mosaikarbeiten des 19. Jahrhunderts, rund 2500 Quadratmeter, restauriert und wieder zum Leuchten gebracht werden, zu Spenden und Patenschaften wird aufgerufen.

Zeit für den Dom und seine Kunst

Auch wenn man eine Führung mitmacht, hat man längst nicht alles mit der nötigen Intensität angesehen. Und es soll doch auch Zeit für Ruhe und Besinnung bleiben. Man blicke vom 16-seitigen Umgang hinauf zum Obergeschoss, wie leicht die Bögen über den antiken Säulen aussehen im Vergleich zu den wuchtigen acht Bögen über den starken Pfeilern des Untergeschosses! Diese Säulen sind so einmalig, dass sie von Napoleon seinerzeit nach Paris entführt wurden – 21 wurden zurückerstattet. Die Bronzegitter des Obergeschosses stammen noch aus der Karolingerzeit. Der riesige Barbarossaleuchter aus vergoldetem Kupfer (12. Jahrhundert), der an langer Kette von der hohen Kuppel zart über dem Raum schwebt, verkörpert Siegeskrone und Lichterstadt des himmlischen Jerusalem.

Ein Wunderwerk von hohem Alter findet sich an der Südwand der Chorhalle

nahe dem Hauptaltar: der Ambo, eine überaus reich geschmückte Kanzel aus der Zeit um das Jahr 1000. In seinen vergoldeten Kassettenwänden ist eine Sammlung von Preziosen angebracht: Schalen aus Achat und Bergkristall (römisch), byzantinische Schachfiguren, Goldreliefs der Evangelisten und Elfenbeinreliefs. Der Ambo war wahrscheinlich die Kanzel, von der ein neu gekrönter König das Evangelium sang.

Die Besucher kommen und gehen durch die Vorhalle und ihr einst goldglänzendes, von der Zeit geschwärztes Bronzeportal. Die mächtigen Bronzen, die dort beeindrucken, der große Pinienzapfen und die furchterregende Wolfsfigur hatten ihren Platz im Krönungszeremoniell. Die Wölfin stammt aus dem 2. Jahrhundert, als Aachen noch römisch war.

Die Schatzkammer findet man nördlich direkt neben dem Domhof. Der antike Proserpina-Sarkophag, ein begeisterndes Marmorkunstwerk, war Ruhestätte der sterblichen Reste Karls des Großen, bevor sie im Karlsschrein geborgen wurden. Das große Armreliquiar aus vergoldetem Silber lässt durch ein Bergkristallfenster den Armknochen des Kaisers sehen. Die imposante, überlebensgroße, silberne Karlsbüste mit Vergoldungen und Edelsteinen aus dem 14. Jahrhundert zeigt ein idealisiertes Gesicht. Eine der exklusivsten Raritäten ist das im 10. Jahrhundert entstandene goldbeschlagene Lotharkreuz (Vortragekreuz) mit einer antiken Gemme – aus dem mehrschichtigem Sardonyx ist kunstreich ein Bild des lorbeerbekränzten römischen Kaisers Augustus geschnitten.

Weltkulturerbestadt, Kaiserstadt, Domstadt, Wallfahrtsstadt, Badeort, Austragungsort hochrangiger Reitturniere, all das ist Aachen. Fährt man auf der Bundesstraße nach Aachen hinein, grüßt das Ortsschild: »Aachen. Bundesligastadt«.

Oben: die imposante Westfassade von Schloss Augustusburg. Unten: Rokoko in Vollendung: der Speise- und Musiksaal von Augustusburg. Rechte Seite oben: Das von Balthasar Neumann fulminant gestaltete Treppenhaus. Rechte Seite unten: Ein Traum in Blau-weiß – das Treppenhaus des Jagdschlösschens Falkenlust.

19 Die Schlösser und Gärten von Brühl

Weiß-blaues Rokoko im Rheinland

Zwischen Bonn und Köln, in Brühl, liegen in blühender Park- und Gartenlandschaft die beiden Schlösser Augustusburg und Falkenlust. Schon 1984 wurden sie in die UNESCO-Liste des Weltkulturerbes der Menschheit aufgenommen. Beide Schlösser sind herrliche Gesamtkunstwerke von Architektur, Malerei, holländischen Wandfliesen sowie Stuck- und Marmorarbeiten im vergnüglichen Stil des Rokoko.

Warum weiß-blau? Wir haben es hier mit einem Kunstwerk des Hauses Wittelsbach zu tun. Der Erbauer Clemens August, Kurfürst und Erzbischof von Köln, Fürstbischof von Münster, Paderborn, Hildesheim und Osnabrück war stolz auf seine Herkunft aus der bayerischen Herrscherfamilie, deren weiß-blaue Farben überall in den beiden Schlössern wiederkehren. Man muss sich die genannten Titel anschauen, umso recht zu erkennen, was für ein bedeutsamer Fürst dieser hohe Geistliche war, nicht zu vergleichen mit einem Erzbischof unserer Tage.

Clemens August war Politiker und musste darum repräsentieren. Und das hieß damals, auftreten in einem so prächtigen Rahmen wie möglich. Darum wollte er diesen Schloss-Neubau. Dass die Sommer-Hofhaltung in einem guten Jagdgebiet lag, war nicht nur für den Fürsten persönlich angenehm, sondern auch für den Umgang mit seinen politisch wichtigen Gästen nützlich, die durch Jagd-Unterhaltung bei Laune zu halten waren.

Zuvor lagen an diesem Ort die Trümmer einer Wasserburg, die 1689 in Kriegswirren zerstört worden war. Baumeister Conrad Schlaun versuchte, zwischen Gräben und alten Mauern Neues zu bauen – aber das gefiel dem Bauherrn nicht. Es sollte ein Schloss werden, das schöner war als jene, die man in Frankreich baute, nichts sollte an eine altmodische Burg erinnern. Also musste Schlaun gehen. Der bayerische Kurfürst schickte brüderlich-hilfreich seinen bewährten Hofarchitekten François Cuvilliés aus München (dort hatte er die Amalienburg in Nymphenburg gebaut), einen Meister des originellen beschwingten Ornaments. Gleich mit ihm kam der französische Gartenkünstler Dominique Girard.

Meister der Treppen: Balthasar Neumann

Freilich konnte Cuvilliés nicht ständig in Brühl bleiben, er hatte in Franz Leveilly einen sehr begabten, ideenreichen örtlichen Bauleiter. Wand- und Deckengemälde gestaltete zartfarbig und mit Figuren reich an überschwänglichen Gesten, Carlo Carlone. Und schließlich wurde Balthasar Neumann, in dieser Zeit der beste deutsche Architekt repräsentativer Räume, mit dem Bau des Treppenhauses im Mittelflügel beauftragt. Ein herrliches Raumkunstwerk entstand, eine bewegte Schöpfung aus ebenso prächtigen wie heiteren Farben und Formen, gekrönt von dem Deckengemälde Carlo Carlones, das geschickt an der flachen Decke den Eindruck eines Gewölbes hervorruft: eine Apotheose des Bayerischen Kurfürsten Karl Albrecht, des späteren Kaisers Karl VII.

Weltberühmt ist dieses Treppenhaus. Es war einer der wichtigsten Räume des Schlosses, denn hier wurden mit viel Zeremoniell unter Aufbietung aller Amtsträger und Diener des Hofes (alle in ihren farbigsten Uniformen) hohe Gäste empfangen. Das war ein würdevolles aufeinander Zuschreiten und Verweilen auf der Treppe mit angemessenen Verbeugungen, alles umrahmt von festlichen Klängen. Die so beeindruckten und zugleich froh gestimmten hohen Herren und Damen kamen dann in die ebenso festlichen, mit Stuckarbeiten und Malereien verzierten Staatsgemächer.

Was die Wirren der Zeiten beschädigt hatten, ist in unseren Tagen mustergültig restauriert worden. Leider ist schon in den Jahren der Französischen Revolution das ursprüngliche Mobiliar verschleudert worden. So sehen wir den hellen Gartensaal, den Speise- und Musiksaal (mit der Empore, auf der »gewöhnliche Untertanen« den Hoheiten beim Essen zusehen durften), die Vorzimmer und den Audienzsaal nur mit Andeutungen des Mobiliars, können aber zum Beispiel den seltsamen Brauch nachempfinden, höchste Gäste in einem Parade-Schlafzimmer zu empfangen (wie es Ludwig XIV. hielt) – Clemens August soll dort aber nie geschlafen haben.

Intimere Räume, ebenfalls reich dekoriert, sind im Erdgeschoss – mit Zugang zur Gartenterrasse. Besonders der ganz in Weiß und Blau gehaltene Sommerspeisesaal erfreut das Auge. In fast allen Räumen schauen Porträts aus der zahlreichen Verwandtschaft der Wittelsbacher den Besucher an.

Der Blick auf das kunstvolle Gartenparterre Girardis, das wie eine Stickerei aus Blumen und Buchsbaum wirkt, gehört zu den vielen Schönheiten des Schlosses. Terrassen, Wasserbecken, im Hintergrund ein weiter, von Peter Joseph Lenné im 19. Jahrhundert gestalteter Waldpark mit Seen und Kanälen laden ein zu langen Spaziergängen.

Schloss Falkenlust

Rund zwei Kilometer vom Schloss Augustusburg entfernt liegt im Parkgrün das Architektur-Juwel Jagdschloss Falkenlust. Es ist von Leveilly so reich mit Stuck

Oben: Falkenlust war eines der bevorzugten Lustschlösser von Clemens August. Durch die Zusammenführung von Architektur, Plastik, Malerei und Gartenkunst entstand ein Gesamtkunstwerk des deutschen Rokoko von höchstem Rang. Mitte: Audienzsaal. Unten: Detail des Speise- und Musiksaals. Rechte Seite: Blick auf den Garten.

und Spiegeln ausgestattet, dass 1763 der junge Mozart nach seinem Besuch dort voll Bewunderung war für das mit chinesischem Porzellan geschmückte Spiegelkabinett im Obergeschoss. Im Untergeschoss ist das kostbare Lackkabinett, es ist im chinesischen Stil in Schwarz und Gold gehalten und für Kaffee- und Teepausen vorgesehen.

Eine Pracht ist das vollständig weiß-blau gefliese Treppenhaus, mit Motiven der Falkenjagd und den bayerischen Rauten.

Falkenlust war ein Platz für politische Geheimverhandlungen, Jagdurlaub und amouröse Auszeiten vom geistlichen Amt (auch ein Gastzimmer war vorgesehen). Doch zur Einkehr wurde hinter dem Schloss eine Kapelle errichtet, als Eremitengrotte mit Muscheln und Kristallen an den Wänden.

Reiher nisteten in den Wäldern um Schloss Augustusburg, deshalb wurde hier die Jagd mit Falken ausgeübt. Die ausgebildeten Vögel jagten die Reiher, die sich mit ihren scharfen Schnäbeln zu wehren wussten. Das Hofpublikum verfolgte gespannt die Luftkämpfe. War es einem Falken gelungen, einen Reiher zu Boden zu zwingen, galoppierten Reiter dazu, trennten die Vögel, beringten den Reiher und ließen ihn fliegen. Alles über Falknerei erzählt eine Ausstellung im Nebengebäude von Falkenlust.

Die freundliche Mittelstadt Brühl liegt westlich und nördlich der Schlossanlagen und ist bemüht, mit Exkursionen und Veranstaltungen ihr Weltkulturerbe erlebnisreich herzuzeigen. Außerdem: Nicht auslassen sollte der Besucher die umfassende Sammlung von Werken des in Brühl geborenen weltbekannten Künstlers Max Ernst in einem hellen klassizistischen Bau in der Comesstraße, nah beim Schloss und erst 2005 eröffnet – ein Kontrapunkt der Fantasie zur Kunst des Rokoko.

WO EINST DIE POSTKUTSCHEN HIELTEN

Ein gemütliches Familienhotel ist das »Hotel Jägerhof«, mit hell und freundlich ausgestatteten Zimmern und einer rheinisch soliden Gaststube voller Jagdtrophäen, kuriosen Puppen und Blumensträußen. Das Wirtshausschild draußen erinnert an das Jahr 1789, als am gleichen Platz eine Poststation gegründet wurde.
Hotel Jägerhof: Euskirchener Straße 130, 50321 Brühl, Tel. 0 22 32-9 34 00, Fax 0 22 32-3 28 37, E-Mail: hoteljaegerhofbruehl@t-online-de, www.hoteljägerhofbrühl.de

AUSKUNFT
Brühl-Info, Uhlstraße 1: 50321 Brühl, Tel. 0 22 32-7 93 45, Fax 0 22 32-7 93 46, E-Mail: bruehl.info@t-online.de, www.bruehl.de
Verwaltung Schloss Brühl: Schlossstraße 6, 50321 Brühl, Tel. 0 22 32-9 44 31 27, E-Mail: info@ schlossbruehl.de, www.schlossbruehl.de
Max Ernst Museum: Max-Ernst-Allee 1, 50321 Brühl, Museumsverwaltung Tel. 0 22 32-5 79 31 10, Fax 0 22 32-5 79 31 30, E-Mail info@maxernstmuseum.de, www.maxernstmuseum.de

20 Welterbe Oberes Mittelrheintal

Ritter, Rhein, Romantik

Befragt, von wo nach wo sich das Obere Mittelrheintal erstrecke, zögern viele, die nicht im Umkreis von Koblenz und dem Binger Mäuseturm zu Hause sind. Eher könnten sie beantworten, wo die meisten stattlichen Burgen über den Rheinufern zu finden sind: nämlich eben dort, zwischen Koblenz und Bingen. 2002, 30 Jahre nach dem Beschluss der Welterbe-Konvention, setzte die UNESCO diese prominente Flussstrecke auf ihre Welterbe-Liste.

Nun kommen die Chinesen. Japaner kennen sich längst mit rheinischen Burgen aus, haben auch schon einmal eine erworben. Die Chinesen konnten eine Präsentation der Burgenlandschaft am Rhein jüngst auf einem Festakt in der Nationalbibliothek Peking erleben, dort wurde auch eine Welterbe-Wanderausstellung der Bundesländer Hessen und Rheinland-Pfalz eröffnet. Zwar stießen auch der Dom zu Speyer, Trier, Kloster Lorsch und die Grube Messel auf großes Interesse, doch die rheinische Burgenromantik bekam die Hauptaufmerksamkeit auf der Reise durch zehn chinesische Städte bis nach Schanghai.

Es ist Deutschlands klassische Touristenroute, die das Welterbe-Siegel erhielt. Eingebettet in das spektakuläre Durchbruchstal des rheinischen Schiefergebirges strömt der Rhein mit Windungen und Untiefen und der großen Schleife des »Bopparder Hamm«. Im Mittelalter konkurrierten die Burgherren um die

Zollrechte am Warenverkehr auf einer der schon damals wichtigsten Wasserstraßen Europas. Das Einsammeln von Zöllen machte den Burgenbau rentabel. Später erwiesen sich die stärksten Burgmauern anfällig gegen Kanonenbeschuss, fast alle verfielen zu Ruinen. Ihre Erneuerung verdankten sie zumeist der Burgenleidenschaft von Privatleuten.

Geburt der Rheinromantik

In den Jahrzehnten der deutschen Romantik, als man die Schönheit von Märchen und Legenden entdeckte, gab das Rheintal poetische Impulse. Heinrich von Kleist, der 1803 als 26-Jähriger zu Schiff auf dem Rhein reiste, war voller Bewunderung: »… der schönste Landstrich von Deutschland, an dem unser großer Gärtner sichtbar con amore gearbeitet hat«. Dem damals wenig älteren Friedrich von Schlegel, später Philosoph und Mitbegründer der Indo-

Am Rhein. Oben: Altstadthaus mit Butzenscheiben in Bacharach. Unten: Die Reiterstatue Kaiser Wilhelms I. am Deutschen Eck. Rechte Seite oben: Burg Katz hoch über dem Rhein nahe dem Loreley-Felsen. Unten: Schloss Stolzenfels bei Koblenz – erbaut von Schinkel im Auftrag von König Friedrich Wilhelm IV. auf Burgresten des 13. Jahrhunderts.

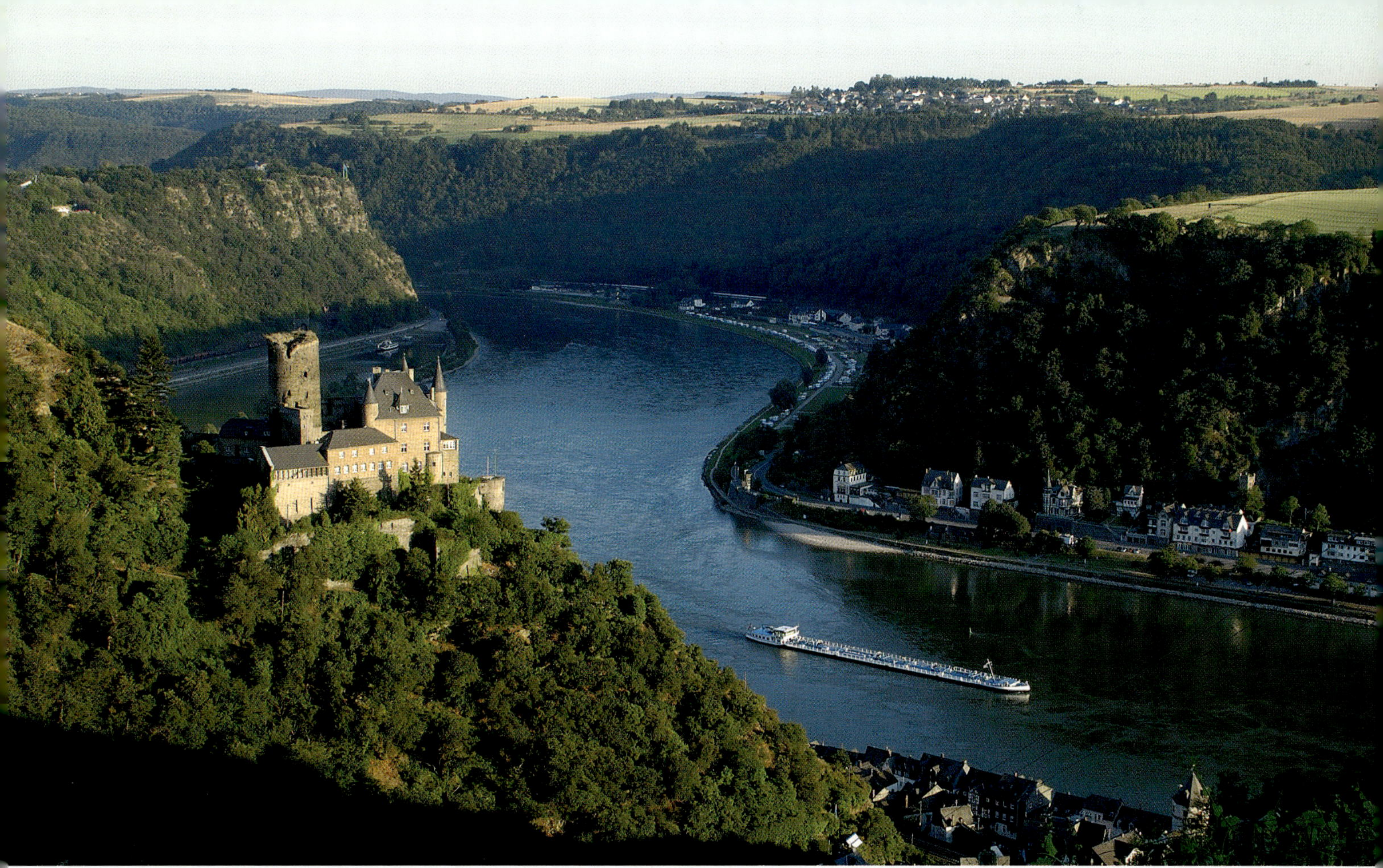

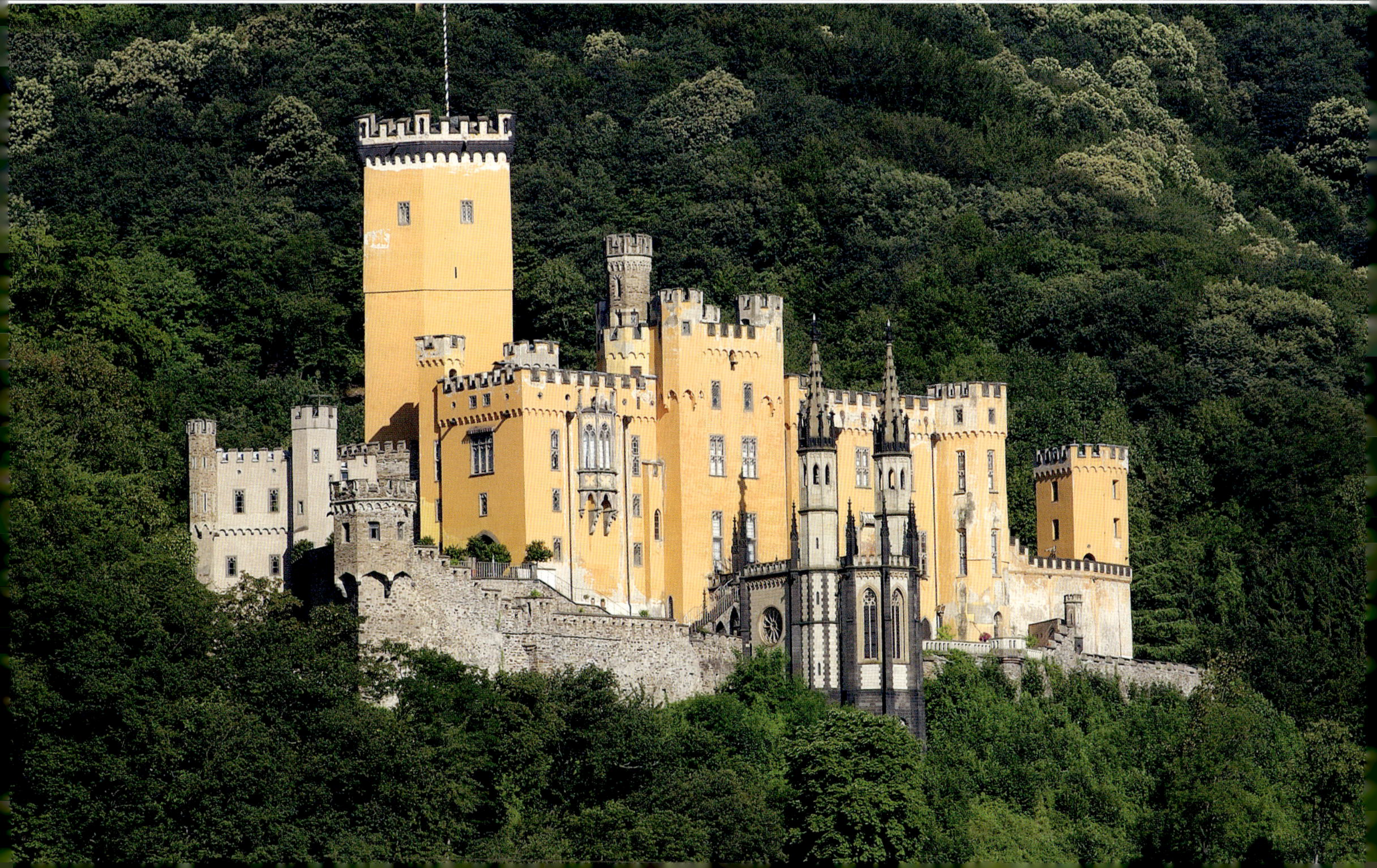

Ob Römerkastell, historische Kirchen oder gut erhaltene Burgen und Schlösser. Zu sehen gibt es viel in und um Boppard.

Oben und Mitte: Aus dem 9. Jahrhundert stammt die Pfeiler-Basilika St.Kastor in Koblenz. Unten: Wie im Bilderbuch prangt die Burg Reichenstein bei der Weinstadt Assmannshausen mit ihren Türmen, Mauern und Zinnen. Rechte Seite: Fachwerk-Gemütlichkeit in Bacharach.

logie, schien »… die Rheingegend mehr ein in sich geschlossenes Gemälde und überlegtes Kunstwerk eines bildenden Geistes zu sein als eine Hervorbringung des Zufalls«.

Auch die schöne, verhängnisvolle Loreley ist eine Schöpfung junger romantischer Poeten. »Zu Bacharach am Rheine / wohnt eine Zauberin, / Sie war so schön und feine / Und riss viel Herzen hin«, so erdichtete Clemens Brentano im Jahr 1801 die »arme Lore Lay« und ließ sie aus Liebesweh in den Rhein stürzen. 1823 sang der Dichter Heinrich Heine im Volksliedton von seiner Loreley unvergessliche Zeilen: »Ich weiß nicht, was soll es bedeuten / Dass ich so traurig bin«, erzählte »ein Märchen aus alten Zeiten« über die »schönste Jungfrau« und »ihr goldenes Haar«, über den »Schiffer im kleinen Schiffe« und sein »wildes Weh«. Das Gedicht hat die Rheinlandschaft um den Loreley-Felsen bereichert und ist selbst ein Teil des Welterbes zwischen Bingen und Koblenz geworden.

Fantastische Bildzeugnisse seiner Sicht auf die Burgen am Rhein hinterließ Victor Hugo, der große Schriftsteller (»Der Glöckner von Notre Dame«, »Die Elenden«), der um 1840 am Rhein reiste, auch ein Burgenromantiker war und fasziniert Burgruinen, Türme, Spitzbogen zeichnete.

Rheinromantik wurde rasch populär, die Rhein-Touristen des Biedermeier genossen Ausflüge mit der Pferdekutsche und Schiffsreisen. Ein in Koblenz geborener Verleger namens Karl Baedeker bot seit

etwa 1830 das »Handbuch für Schnellreisende: Rheinreise von Mainz bis Köln« an. Dem Tempo des 21. Jahrhunderts – auf den dicht befahrenen Uferschnellstraßen, in den Hochgeschwindigkeitszügen, inmitten der Verkehrssignale und Energieleitungen, auf schmalem Raum zwischen Fluss und Berg – wären seine Kunden wohl keine zehn Minuten gewachsen gewesen.

Doch findet die Rheinromantik noch immer ihre Zuflüchten in vielerlei Facetten. Sei es für manche in den Traditionsrestaurants, die ihre Gasträume vorzugsweise mit Mobiliar wie zu Kaisers Zeiten ausstatten. Sei es beim nächtlichen Spektakel »Der Rhein in Flammen« mit »brennenden« Burgen, mit Böllern und Beleuchtungsflotten. Sei es bei der Burgbesichtigung oder auf den waldgrünen Höhenwegen, abseits der Verkehrsschlagader Rhein. Sei es in den Straußwirtschaften der Winzer, wo der Wein in Hof und Garten auf schlichten Bänken und Tischen verkostet wird. Architektur und Kunst führen in die Welt von Gotik und Romanik und noch fernere Zeiten zurück.

In der Kirche St. Severus in Boppard ist ein sehr seltenes, fast vollständiges frühchristliches Taufbecken erhalten. Die spätromanische Peterskirche in Bacharach zeigt ihren Innenraum in originaler farbiger Fassung. Zu den frühesten gotischen Kirchenbauten Deutschlands zählt der Chor der ehemaligen Propsteikirche in Hirzenach zwischen Boppard und St. Goar. In der hochgotischen Liebfrauenkirche in Oberwesel wurde die Welterbe-Urkunde der UNESCO übergeben –

in dem wohl schönsten der himmelstrebenden Kirchenräume von Koblenz bis Bingen, mit kunstreichem Spitzbogenornament am Lettner.

Burgenkunde, Burghotels

Oberwesel hat sich auch eines der reizvollsten Stadtbilder, seine Stadtmauer und auf der Höhe über der Stadt die 1000-jährige Schönburg bewahrt. Stationen einer rheinischen Burg-Geschichte: Auf der Schönburg residierten die Burgherren bis ins 13. Jahrhundert als kaiserliche Vögte mit Zollrecht. Weil das Ganerbenrecht galt, mit gleichmäßiger Erbteilung zugunsten aller Söhne, sollen im 14. Jahrhundert rund 250 Menschen auf der Burg gelebt haben. 1689, im Pfälzer Erbfolgekrieg mit Frankreich, wurden Stadt und Burg verbrannt, die Schönburg wurde zur Ruine. Victor Hugo nannte sie den »bewundernswer-

testen Trümmerhaufen Europas«. Dabei blieb es jedoch nicht: Schon seit Jahrzehnten ist die Schönburg eine renommierte Hoteladresse.

Die einzige unzerstörte Höhenburg am Mittelrhein ist die Marksburg hoch über Braubach, südlich der Lahn-Einmündung in den Rhein. Um das Jahr 1100 bauten die Herren von Eppstein auf dem Gipfel eine Burg mit dreieckigem Grundriss, 1283 kauften die Grafen von Katzenelnbogen die Marksburg, statteten sie zur Residenz aus, 1479 fiel sie dann an Hessen, war später Staatsgefängnis. 1900 von der Deutschen Burgenvereinigung für 1000 Goldmark übernommen und aufwendig restauriert, ist die Marksburg zur Muster- und Vorzeigeburg avanciert. Ein Besuch ist auch pflanzenkundigen Naturfreunden zu empfehlen, denn seit 1969 gedeihen im pittoresken Burggarten wieder mittelalterliche Nutz- und Zierpflanzen.

21 Zweitausend Jahre und mehr: Trier

Kaiserstadt, Domstadt, Weinstadt

Einer der frühesten Dome der Christenheit – die älteste Bischofskirche Deutschlands – wurde im kaiserlichen Palastgelände Triers erbaut. Trier, römische Gründung um 17 v. Chr., war seit 285 n. Chr. Hauptstadt des römischen Westreichs, das von Nordafrika bis auf die britische Insel reichte. Seinen historischen Glanz verdankt das römische Trier dem Baueifer Konstantins des Großen, der von 306 bis 316 in der Mosel-Metropole residierte.

Wie kaum ein anderer Ort nördlich der Alpen zeigt Trier bis heute zugleich großartige antik-römische Architektur und die über ihren Resten entstandenen Sakralbauten des Christentums. In Trier kann man noch fast alles sehen, was eine römische Metropole brauchte und auszeichnete: das Amphitheater für 20 000 Besucher, auch als Arena nutzbar, die imposant hohe Palastaula der römischen Kaiser, die Kaiserthermen und eines der berühmtesten antiken Stadttore auf deutschem Boden: die Porta Nigra, die heute zu Deutschlands meist fotografierten Monumenten zählt. Gegründet von Kaiser Augustus, zählte »Augusta Treverorum« zu ihrer besten Zeit in der Antike an die 80 000 Einwohner.

Mit rund 100 000 übersteigt die heutige Einwohnerzahl Triers die der Römerzeit nicht weit. Das bringt den Trierern und ihren Besuchern den Vorzug, immer wieder auf die grünen Hänge über dem

Oben: Früh schon, im 4. Jahrhundert, stand am heutigen Platz von Dom und Liebfrauenkirche eine Doppelkirche, zuvor der Palast Helenas, der Mutter Konstantins des Großen. Unten: Dralles Leben am Petrusbrunnen auf dem Hauptmarkt. Rechte Seite: Später am Abend kann es sehr ruhig werden in Trier, wie hier an der Porta Nigra.

Moseltal schauen zu können, statt nach allen Richtungen von Bebauung umgeben zu sein. Mit den Reben, die an den Moselhöhen gedeihen, verbinden sich für die Trierer immer auch die steinernen römischen Weinschiffe im Rheinischen Landesmuseum – Skulpturen, die den Weintransport in schiffsbreiten Fässern zeigen und fast so populär sind wie die Porta Nigra. Triers Bischöfliche Weingüter keltern ihre Weine seit dem 18. Jahrhundert, ihre Rieslinge und jetzt auch immer mehr Rotweine, unter anderem von Spätburgunder-Reben, stehen weithin in bestem Ruf.

Besuchern dieser außerordentlichen und angenehm überschaubaren Stadt empfehlen wir Rundgänge – ergiebiger als die Rundfahrt im Bus, der immer zu rasch ist und dem Auge keine Zeit lässt – um auch all die Plätze, Hausfassaden, Brunnen und Denkmäler zwischen den Welterbe-Architekturen wahrnehmen zu können.

Die Porta Nigra und der Grieche Simeon aus Syrakus

Das römische Stadttor ist auch ohne den abgetragenen Oberstock des östlichen Turmes ein großartiges Monument, es ist von der Stadtseite fast wie eine Palastfassade anzusehen. Die einst über sechs Kilometer lange Stadtmauer sollte man sich samt den drei abgerissenen Stadttoren vorstellen. Dabei ist das fein ausgeführte Modell der antiken Stadt im Bischöflichen Museum hilfreich. Und man sollte auch jenes Griechen Simeon aus Syrakus gedenken, der um 1030 in der Porta Nigra fünf Jahre lang bis zu seinem Tod als Eremit in einer Zelle lebte und damit das Bauwerk wohl gerettet hat. Denn ihm zu Ehren wurde ein Stift gegründet und in den Torbau eine Doppelkirche eingebaut: für die Laien über dem zugeschütteten Erdgeschoss im ersten Obergeschoss, für die Kanoniker im zweiten. Erst Napoleon befahl alle nicht-antiken Teile auszuräumen, doch blieb der romanische Chor zumindest im unteren Teil erhalten. Die riesigen römischen Quadersteine der Porta Nigra überdauern ohne Mörtel und auch ohne die antiken Eisenklammern, die von Metallräubern herausgeschlagen worden sind.

Wie an der Porta Nigra koexistiert auch an anderen Welterbe-Monumenten Triers Römisches mit Christlichem. Dom und benachbarte Liebfrauenkirche entstanden auf dem Palastareal der heiligen Helena, der Mutter von Konstantin dem Großen, so behauptet eine alte Überlieferung. Im Kern scheint sie bestätigt, seit nach dem Zweiten Weltkrieg unter

dem Altarbereich des Domes die Trümmer einer reich ausgemalten Kassettendecke aufgefunden wurden. Der persönliche Bezug zur Kaiserin Helena und ihre Identifizierung auf einem der 15 Kassettengemälde ist nicht bewiesen, der Zusammenhang von Palastareal und Dom jedoch sicher. Und die konstantinischen Kassettengemälde, die in minutiöser Arbeit aus 30 000 Bruchstücken zusammengesetzt und ergänzt wurden, sind heute in Triers Bischöflichem Museum als kostbares, seltenes Zeugnis spätantiker Malerei zu bewundern.

Trier, Residenzstadt Konstantins, verdankt dem Kaiser einige seiner wichtigsten antiken Bauten, allen voran die Palastaula, heute meist Basilika genannt. Einst Thron und Versammlungssaal mit marmorverkleideten Wänden, über 30 Meter hoch, beheizt, verglast und mit Wandmalereien geschmückt, ist der Ziegelbau die größte Halle, die aus der Antike erhalten blieb. Preußens König Friedrich Wilhelm IV. verfügte 1856 nach der Wiederherstellung der antiken Baugestalt die Übergabe an die evangelische Kirche, »zu ewigem Nutzen«.

In ihrer kargen Monumentalität überragt die Palasthalle – nun Erlöserkirche – als starker, dominanter Kontrast den Südflügel der erzbischöflichen beziehungsweise kurfürstlichen Residenz. Deren roséfarbene Rokokopracht ist ein Werk des Johannes Seiz, der beim berühmten Balthasar Neumann gelernt hatte, der unter anderem auch in Würzburg und Brühl tätig war und hier mit dem genialen Ferdinand Tietz aus Böhmen zusammenarbeitete. Tietz schuf mit seinen

Oben und rechte Seite: Die Porta Nigra ist bis heute Abschluss der Simeonstraße, einer Hauptader der Stadt Trier. Mitte: Das Gewölbe der Liebfrauenkirche. Unten: Ein strenger und feierlicher Saal: die Basilika, ehemals Palastaula, 67 Meter lang und 30 Meter hoch, im 19. Jahrhundert von Friedrich Wilhelm IV. zur protestantischen Kirche bestimmt.

leicht gewandeten Gartenfigurinen eine Sphäre erotischer Lebenslust, der sich wohl auch die geistlichen Herren Triers nicht entzogen haben.

Konstantin – der große Unbekannte

Gleich nebenan wurde im Jahr 2006 das Rheinische Landesmuseum modernisiert und wenige Schritte weiter die Anlage der mächtigen, von ihrem Bauherrn Konstantin jedoch nie vollendeten Kaiserthermen mit einem neuen Eingangsbereich und Aussichtsturm versehen. Zugleich bereitete Trier die bisher größte Ausstellung über Kaiser Konstantin vor (als Beitrag zur »Europäischen Kulturhauptstadt 2007, Luxemburg und Großregion«). An manchem Platz Triers ist Kaiser Konstantin im Festjahr gegenwärtig, wenn auch nur mit authentischen Abgüssen seines Fußes vom riesenhaften Standbild in Rom. In vielem bleibt Konstantin dennoch ein Unbekannter, eine der großen Gestalten der Weltgeschichte, deren Motivationen und Überzeugungen letztlich nicht zu entschlüsseln sind. Es war Kaiser Konstantin, der den christlichen Sonntag per Gesetz zum Ruhetag machte. Den Sonnen-Namen aber leitete er nach römischer Tradition von seinem persönlichen Schutzgott, dem »Sol invictus« ab, dem unbesiegten Sonnengott. Dennoch war es derselbe Konstantin, der nach Jahrhunderten römischer Christenverfolgung den Anhängern Christi die staatliche Anerkennung ihrer Religion gab. Was war sein Glaube, was politische Strategie und List? Dank Konstantin konnten die Christen sich frei bekennen und im Staat aufsteigen. Kaiser Konstantin selbst ließ sich erst kurz vor seinem Tod christlich taufen.

GLÜCK AM HÜGEL

Der Jugendstil-Villa fügte die Hoteliersfamilie Schütt behutsam ein Schwimmbad und eine luftige Terrasse an und stattete das Haus mit Kunstwerken aus – sodass gleich beim Eintreten Wohlgefühl aufkommt. Dazu tragen auch die Gastlichkeit der Familie und die Qualität der Küche bei. Mehrere Zimmer mit Panorama, die Altstadt zu Fuß erreichbar.
Villa Hügel: Bernhardstraße 14, 54295 Trier, Tel. 06 51-3 30 66, Fax 06 51-3 79 58, E-Mail: info@hotel-villa-huegel.de, www.hotel-villa-huegel.de

AUSKUNFT
Tourist-Information Trier: An der Porta Nigra, 54290 Trier, Tel. 06 51-97 80 80, Fax 06 51-9 78 08 76, E-Mail: info@tit.de, www.trier.de/tourismus, Tagesaktualitäten: www.heute-in-trier.de (in 5 Sprachen)
Dom-Information Trier: Liebfrauenstraße 12, Ecke Domfreihof, 54290 Trier, Tel. 06 51-9 79 07 90, Fax 06 51-9 79 07 99, E-Mail: info@dominformation.de, www.dominformation.de

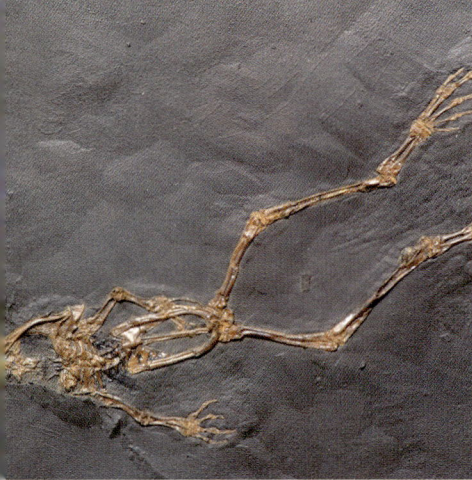

Der Frosch (oben) und die Halswender-Schildkröte (unten) sind etwa 49 Millionen Jahre alt. Der Star unter den Fossilien ist das Urpferd. Rechte Seite: Das Bergen von Fossilien erfordert unendliche Geduld und viel Fingerspitzengefühl (oben und unten).

22 Messel – Fundgrube für Fossilien

Ein Fenster zur Urzeit

In enormer Zahl fand man schon im 19. Jahrhundert fossile Tiere und Pflanzen in den Ablagerungen eines Kratersees nördlich von Darmstadt. Die biologisch-paläontologische Forschung frohlockte, doch im 20. Jahrhundert drohte dem Urzeit-Schatz die Umwandlung zur Mülldeponie. Eine Messel-Bürgerinitiative, Wissenschaftler und die Grünen gaben nicht nach, 1991 wurden sie mit dem Erfolg belohnt.

Auf den ersten Blick ist die »Welterbe Grube Messel« unspektakulär. Am Eingang nüchterne Informationscontainer, von der Höhe einer Besucher-Plattform der Blick auf locker bewachsene Hänge über einer fast kahlen runden Mulde, am Rande industrielle Überreste. Man muss fragen und auch die informativen, bündig formulierten Schautafeln lesen, am besten an einer Führung durchs Gelände teilnehmen – dann erfährt man die Einmaligkeit des Platzes.

Vor etwa 47 Millionen Jahren, als die Kontinente der Erde noch völlig andere Umrisse hatten, lag Messel im Bereich des heutigen westlichen Mittelmeers. Im Zusammentreffen vulkanischer Gesteinsschmelzen mit Grundwasser fanden gewaltige Dampfexplosionen statt, die einen tiefen Krater hinterließen. In diesem Krater bildete sich ein kreisrunder Maar-See mit steilen Ufern, nur 1,5 Kilometer im Durchmesser, aber 300 Meter tief. Nur die oberen 20 Meter unter dem Wasserspiegel wurden durch Temperaturunterschiede regelmäßig ausgetauscht, weiter unten war das Wasser kühl, still und sauerstoffarm lebensfeindlich.

Vom Faulschlamm zum Bergbau

Am Grund bildeten sich Ablagerungen (Sedimente) aus eingespülten Tonpartikeln, abgestorbenen Zellen von Algen und anderen organischen Resten, die über Jahrmillionen zu Faulschlamm wurden. Wehe den Tieren, die von den Steilufern in den See hinabfielen. Sie starben sofort in der erstickenden Tiefe, sofern sie nicht schon als Kadaver in den See gerieten. Keine zersetzenden Verwesungs-Organismen, keine Aasfresser gab es in der lebensfeindlichen Tiefe, im Faulschlamm, somit blieben die Tierkadaver und auch viele Pflanzenteile erhalten. In unvorstellbar langen Zeiten änderten sich Landschaft und Klima, der See verschwand. Im 19. Jahrhundert begann dann das Bergbau-Kapitel.

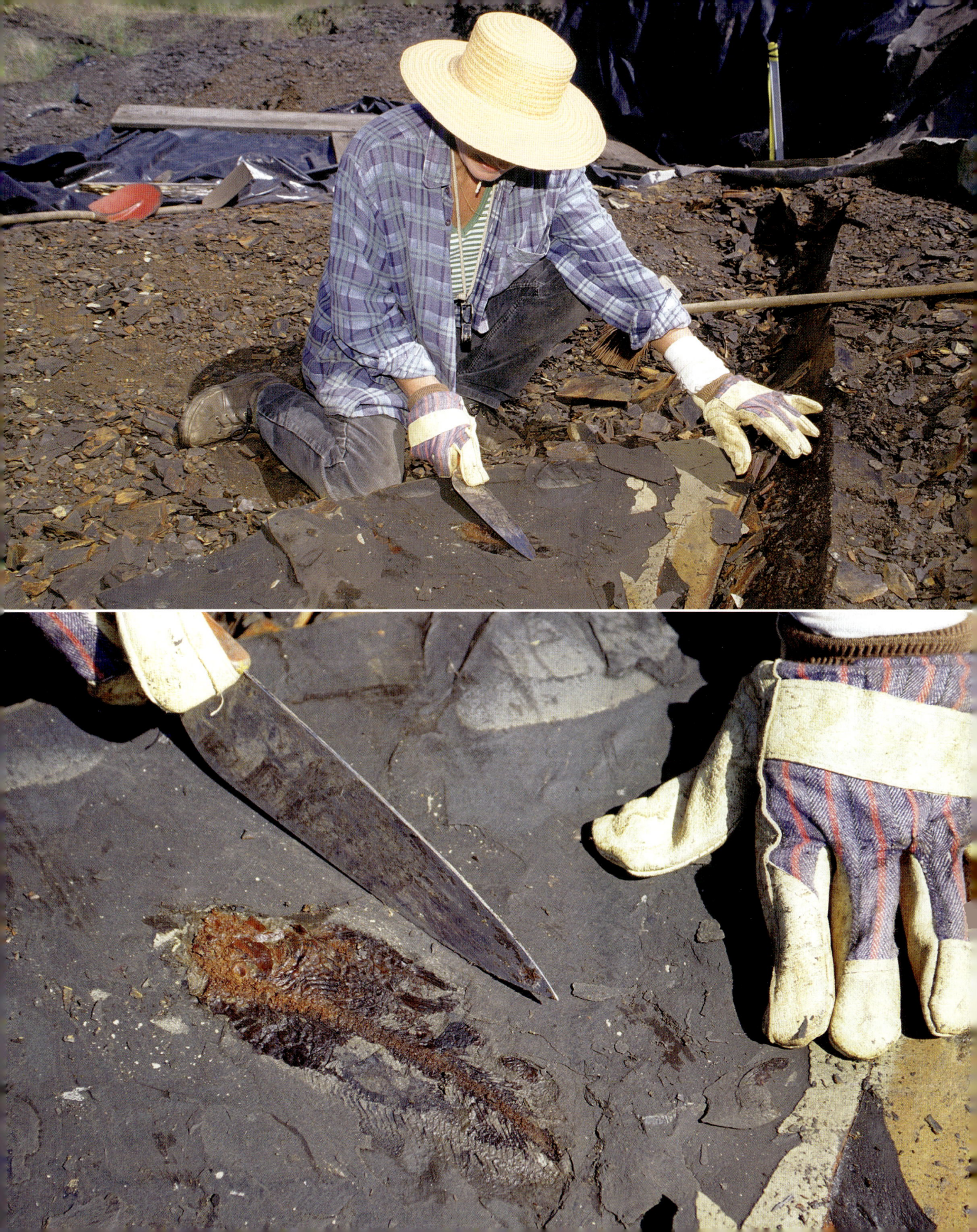

Im Forschungsinstitut Senckenberg in Frankfurt werden die Fossilien präpariert und wissenschaftlich untersucht. Oben, Mitte und unten: Dr. Schaal und ein Kollege (Mitte) beim Präparieren eines Krokodils. Rechte Seite: Das Ausgrabungsgelände darf nicht ohne Führer betreten werden.

Die Messeler Grubenfelder wurden zum Abbau im Tagebau vergeben. Man versprach sich Ausbeute an Eisenstein, Braunkohle, Paraffin und Mineralöl. Aus dem Faulschlamm des Eozän, der Erd-Neuzeit, war das Sedimentgestein Ölschiefer geworden. Das Öl stammte von den organischen Ablagerungen. Eine Industrielandschaft entstand: Und beim Ölschieferabbau entdeckte man Fossilien in Fülle, 1875 das erste Krokodil. Die Wissenschaft wurde aufmerksam, die Bedeutung der Funde erkannt. Der Ölschieferabbau wurde erst 1971 eingestellt, mangels Rentabilität. Das Kapitel der Fossilienfunde hatte längst begonnen.

Inzwischen gab es auch wissenschaftliche Arbeiten in Fülle, in erster Linie vom Forschungsinstitut Senckenberg (dem Senckenberg-Museum in Frankfurt verbunden) und vom Hessischen Landesmuseum Darmstadt. Das hatte seit 1912, als es noch »Großherzogliches Landesmuseum« hieß, die Rechte an den Fossilienfunden erhalten. Seit 1973 sind auch wieder andere wissenschaftliche Einrichtungen beteiligt.

Trotzdem beschloss die Landesregierung das Projekt »Mülldeponie Messel«. 20 Jahre lang setzten sich Wissenschaftler und die Bürgerinitiative des Ortes Messel unermüdlich für den Erhalt der Fundstätte ein, seitens der Parteien wurde das Projekt nur von den Grünen unterstützt. Erst nach langen Kämpfen vor den Gerichten gelang es 1991, die Grube Messel als einzigartiges Naturdenkmal zu retten. Die Senckenbergische Naturforschende Gesellschaft ist seither für den Tagebau verantwortlich. Im Jahr 1993 wurde ein internationaler wissenschaftlicher Beirat gegründet, 1994 folgte dann die UNESCO-Anerkennung als Weltnaturerbe. Die Grube Messel untersteht weiter dem Bergrecht, darum dürfen Wanderer nicht ohne Führung in das Gelände gehen.

Krokodil und Urpferd

Das dient natürlich außer der Sicherheit auch dem Schutz der Fossilien, da es immer wieder Raubgräber gegeben hat. So mancher von ihnen erlebte herbe Enttäuschungen, da der Ölschiefer, der zu 40 Prozent wasserhaltig ist, binnen weniger Stunden in der Luft zerbröckelt, wenn er nicht fachgerecht behandelt wird.

Es wurden sehr viele pflanzliche Fossilien gefunden, Blätter, die bis in alle Einzelheiten erkennbar und bestimmbar sind. Die Pflanzenwelt entsprach der heutigen in Mittelamerika oder Südostasien, mit Lorbeer, Palmen, Walnussgewächsen. Manche fossile Blätter zeigen noch Fraßspuren, die auf Tierarten, die damals lebten, zurückgeführt werden können.

Vielfältig sind die Insekten-Fossilien. Eine Besonderheit ist die erhaltene Farbe bei den sogenannten Prachtkäfern, die noch in der Versteinerung grüngolden schimmern. Viele der Insektenarten oder deren Nachfahren existieren noch heute – allerdings wird es manchen Waldspaziergänger freuen, dass es die Riesenameise nicht mehr gibt, deren Flügelspannweite die eines Vogels erreichte!

Die Fische aus dem Ölschiefer zeigen blanke, glänzende Schuppen. Die Reptilien und Amphibien sind in größeren Exemplaren vertreten, einer der ersten Funde war 1875 ein vollständiges Krokodil. Dass so viele vom Kopf bis zur Schwanzspitze erhalten sind, ist das ganz Besondere der Messel-Fossilien. Bei den Vögeln ist das Gefieder sichtbar, bei Säugetieren das Rückenfell, die Stacheln oder die Fledermausflügel.

Der Star unter den zahlreichen Fossil-Säugetieren ist sicherlich das Urpferd, das in mehreren Arten vorkommt. Die kleinere Urpferd-Art war gerade mal so groß wie ein Schäferhund. Sogar den Mageninhalt konnten die Forscher identifizieren: die Urpferde fraßen Blätter und sogar Früchte. Die Zehen waren getrennt, aber an jeder Zehe (insgesamt 14) saß ein kleiner Huf. So ein kleines Urpferd – man hat 57 vollständige Skelette gefunden! – würde mancher sicher

gern in seinem Garten haben. Auch Nashorn- und Tapir-Huftiere lebten im Umkreis von Messel.

Ein spezielles Röntgenverfahren hilft, Ausmaß und Lage eines Fossils im Stein auszumachen. Wenn die Fossilien nicht in einem geschickt ausgedachten Verfahren mit Kunstharz präpariert würden, zerfielen sie.

Wo kann man die Funde der Grube Messel sehen? Im Info-Container und bei den Führungen durch die Grube werden einige Stücke gezeigt. Eine sehr reiche Sammlung, sorgsam und ansprechend erläutert, findet man im Fossilien- und Heimatmuseum Messel, in einem denkmalgeschützten Fachwerkhaus, von Messeler Bürgern ehrenamtlich betreut. Spektakuläre Fossil-Exemplare stellen das Naturmuseum Senckenberg in Frankfurt und das Hessische Landesmuseum in Darmstadt aus.

AM GRÜNEN RAND VON EPPERTSHAUSEN

Das familiengeführte Hotel »Krone« liegt nur wenige Kilometer von der Grube Messel entfernt. Die Küche ist bodenständig, der Koch lässt sich aber auch von fernen kulinarischen Regionen inspirieren.
Hotel Restaurant Krone: Dieburger Straße 1, 64859 Eppartshausen, Tel. 0 60 71-92 22-0, Fax 0 60 71-92 22-2 99, E-Mail: info@krone-eppertshausen, www.krone-eppertshausen.de, 36 Zimmer.

AUSKUNFT

Welterbe Grube Messel GmbH: Roßdörfer Straße 108, 64409 Messel, Tel. 0 61 59-71 75 35, E-Mail: info@ grube-messel.de, www.grube-messel.de
Museumsverein Messel e.V.: Albert-Schweitzer-Straße 4a, 64409 Messel, Tel. 0 61 59-51 19, oder bei der Gemeindeverwaltung, Tel. 0 61 59-2 56. Adresse des Fossilien- und Heimatmuseums Messel: Langgasse 2.
Naturmuseum Senckenberg: Senckenberganlage 25, 60325 Frankfurt am Main
Hessisches Landesmuseum Darmstadt: Friedensplatz 1, 64283 Darmstadt

23 Lorsch, das Reichskloster an der Bergstraße

Karolingische Pracht

Jahrhundertelang war das Reichskloster Lorsch ein kulturelles, religiöses und wirtschaftliches Zentrum. Bald nach seiner Gründung gewann es an Einfluss, beherbergte 774 Karl den Großen und erwarb Grundbesitz von der Nordsee bis zu den Alpen. Es wurde Grablege der deutschen Karolinger und war ein Zentrum mittelalterlicher Buchkultur. Aus seiner Glanzzeit ist besonders die Tor- oder Königshalle als wertvolles Zeitdokument in die Liste des Welterbes aufgenommen worden.

W er die berühmte Torhalle zum ersten Mal sieht, staunt über die Eleganz des Bauwerks, das eines der frühesten nachrömischen Bauwerke in Deutschland ist. Keine grobe Schwere, sondern mit viel Fantasie ausgeführte Gestaltung sieht man hier, ein offenes Untergeschoss mit weiten Arkaden, dazwischen Halbsäulen mit antikisierenden Kapitellen, darüber ein Palmettenfries und ein durch kannelierte rote Pilaster gegliedertes Obergeschoss mit weißen Kapitellen. Neben den schmalen Fenstern, steilgiebeligen Simsen und einem hohen steilen Dach mit einem sichtlich viel jüngeren zierlichen Dachreiter wird der Besucher am meisten von der Farbgebung fasziniert sein. Rote Sechsecke auf weißem Grund unten, oben rote Rechtecke – das ist keine Fassadenbemalung, sondern geschickter Farbwechsel durch römische Mauertechnik, die 1200 Jahre überdauert hat.

Wozu die Torhalle diente, weiß man nicht genau zu sagen – vielleicht zu religiösen Feiern beim zeremoniellen Empfang der Könige. Auch über das genaue Jahr des Baues herrscht Ungewissheit – sollte der Torbau etwa schon 774 fertig gewesen sein, als Karl der Große in Lorsch war?

Die ursprüngliche Form des Klosters

Im Obergeschoss hat man Wandgemälde mit religiösen Themen aufgedeckt, aus karolingischer Zeit. Sie sind später von neueren Wandschichten überdeckt gewesen, beim Anbringen von Stuck im 17./18. Jahrhundert wurden sie durch Bearbeiten des Untergrunds mit der Spitzhacke verletzt. Die Decke war ursprünglich flach, sie wurde Ende des 14. Jahrhunderts durch eine Tonnenform

Lorsch, das ist Geschichte auf Schritt und Tritt. Oben: Freskenreste im 1. Stock der Königshalle. Unten: Eine nachgestellte Schreibstube des Klosters. Rechte Seite: Die Königshalle ist das einzige aus der Karolingerzeit erhaltene Bauwerk des Klosters. Die Forschung ist sich noch immer nicht sicher, wann und zu welchem Zweck sie erbaut wurde.

ersetzt. Damals war das Kloster ausgedehnt und besaß zahlreiche Gebäude. Durch den Bogengang kommt man auf einen lang gestreckten Hof, an dessen Ende ein hohes Kirchengebäude aus groben Steinen mit romanischem Tor aufragt. Dieser Kirchenrest ist alles, was von Kirche, Klausur, Kreuzgang und Grabgruft des Klosters noch steht. Man muss sich zwei massive breite Türme am Ende des Hofes (also des »Atriums«) vor der Front des romanischen Kirchenrests, hinter der Kirche aber das hohe Dach einer Basilika und dahinter, tiefer liegend, die angebaute Gruftkapelle vorstellen. Rechter Hand lagen neben den Kirchenbauten die Klausurgebäude um einen weiten Hof mit Kreuzgang. Sonst sind von der Klosteranlage noch eine stattliche Zehntscheuer und Reste der Ringmauer erhalten.

Einst Buchkunst, heute Museumspädagogik

Was die Archäologie an Architekturresten zutage gefördert hat, zeigt das Lapidarium, wie den Sandstein-Sarkophag von König Ludwig dem Deutschen, dessen Dekor von Halbsäulen mit antikisie-renden Kapitellen ein Architekturelement der Torhalle wieder aufnimmt. Auch Reste des Plattenmosaikfußbodens der Kirche, Säulenkapitelle, denen man die antike Überlieferung ansieht, findet man hier.

Wer vom Klosterleben und seiner Bedeutung mehr erfahren will, kann das im wenige Schritte entfernten Museumszentrum im Klostermuseum tun. Auch eine Computersimulation des Klosters Lorsch ist zu sehen, samt einer Einführung in die Buchkultur des Klosters. Es hatte eine große Bibliothek mit kostbaren Handschriften, die nach dem Ende des Klosters durch mancherlei Kriegswirren zu Beutekunst wurden.

In Lorsch kümmert man sich um die jungen Besucher! Die Museums- und Welterbe-Pädagogik macht Kinder durch Tätigkeit mit mittelalterlicher Kultur bekannt. Da wird mit der Gänsefeder geschrieben, werden Kerzen gezogen, Mosaike gelegt, Brot gebacken und ein Kräutergarten nach alt überliefertem Vorbild gepflegt. Die UNESCO bestätigte dem Lorscher Welterbe-Pädagogikprojekt Modellcharakter. Es wurde 2006 mit dem Mertineit-Preis ausgezeichnet.

24 | Die Völklinger Hütte

Ein Fest der Ideen

Ihr 100-jähriges Gründungsjubiläum konnte die Völklinger Hütte 1983 noch feiern, damals war sie bereits mit den nahen Burbacher Werken zur ARBED zusammengelegt. Schon drei Jahre später wurde die riesige Industrieanlage stillgelegt – nur der Denkmalschutz bewahrte sie vor dem Abbruch. 1994 brachte die UNESCO Hoffnung auf Aufschwung und nahm das weltweit einzige erhaltene Werk aus der Blütezeit der Eisen- und Stahlindustrie in die Weltkulturerbe-Liste auf. Aber wie füllt man ein arbeitsloses Stahlwerk mit Leben?

Die Völklinger Hütte wandelt sich, aus dem einstigen Stahlkocher wird ein »Europäisches Zentrum für Kunst und Industriekultur«. Den riesigen Technik-Aggregaten (oben) werden Bilder und Kunstwerke gegenübergestellt (unten). Rechte Seite: Hochöfen ins farbige Licht gestellt, im Vordergrund der Schrägaufzug für die Wagen.

Früher blickten Besucher mit einer Mischung aus Stolz und Mitgefühl auf die sechs Hochöfen, die Werkhallen und auf das undurchschaubare Geschlinge von Rohrleitungen. Mit Stolz, weil die Eisen- und Stahlwerke der Familie Röchling enorm produktiv waren, mit neuen Techniken immer wieder an die Spitze des Fortschritts vorrückten, in den besten Jahren des deutschen »Wirtschaftswunders« 17 000 Menschen Arbeit gaben; Mitgefühl rührte sich, wenn man eine Ahnung von der unermesslichen Härte, der hohen Unfallgefahr und von dem ohrenbetäubenden Lärm hatte. Als die Produktion eingestellt wurde, so wird erzählt, konnten viele Völklinger plötzlich nicht mehr schlafen. Warum? Weil der jahrzehntelang gewohnte Arbeitslärm der Hütte fehlte. Hochöfen kann man nicht abstellen, wenn man mag, sie produzieren im Dauerbetrieb.

Das Stahlwerk erkunden

Historische Filme und eine Multimedia-Schau erinnern an die Maloche des 19. Jahrhunderts, an die 12-Stunden-Arbeitszeit, an die Frauen, die mit ihren Händen die Erzkähne auf der Saar entluden und darum »Erzengel« genannt wurden. Viele ehemalige Hüttenarbeiter sind unter den Führern, die heute den Gästen die Winderhitzer erklären und ihnen die intelligente Technik des Schrägaufzugs zeigen, mit dem die Erzloren zur Gichtbühne hinauffuhren – »eine Mischung aus Wuppertaler Schwebebahn und dem Cable Car von San Francisco«. Etage um Etage steigt man zur Gichtbühne hinauf, wo 30 Meter über dem Boden die Hochöfen beschickt wurden.

Gicht, erfährt mancher zum ersten Mal, ist im Hüttenwerk keine Krankheit, son-

126

Unterwegs im stillgelegten Werksgelände nimmt man die Pflanzen wahr, die sich wieder ansiedeln. Man beobachtet auch, wie die einst technisch hochproduktiven Anlagen zu surreal anmutenden Schauobjekten werden (oben und Mitte). Unten sieht man den schweren Stahldeckel eines Hochofens. Rechte Seite: Ein besonderes Erlebnis ist die Lichtshow.

dern bezeichnet die obere Mündung des Hochofens, wo das Erz oder aus Erzstaub gebackene Sinterbrocken unter dem kreisrunden, tonnenschweren Deckel in den Ofen gegeben werden. Weil dabei aus der Glut des Hochofens Kohlenmonoxid austritt, war dieser Platz lebensgefährlich es durfte nur mit Atemschutzmaske gearbeitet werden.

Noch 15 Meter höher ist auf schmalen Treppen die Aussichtsplattform der Hochofengruppe zu erklettern. Von hier aus sieht man die Saar und das gesamte, teils von Wildwuchs begrünte Werksgelände, die unmittelbar benachbarte Stadt Völklingen und zwei alte Schlackenpyramiden. Die haben vor langer Zeit die Goethe-kundigen Völklinger auf den Namen »Hermann und Dorothea« getauft: nach den Namen des Werksgründers Hermann Röchling und seiner Frau Dorothea.

Übrigens braucht sich kein Besucher einer Führung anzuschließen, man kann nach eigenem Gusto das gesamte Gelände erkunden (und findet dreisprachige Info-Tafeln vor, kann einen Autoguide leihen und im Bistro B40 oder im Café Umwälzer pausieren).

Der Industrieort wird Kulturort

All das ist ziemlich interessant, es reicht aber nicht um den Aufwand für die Erhaltung und immer wieder fällige Sanierung des Industrie-Denkmals Völklinger Hütte auch nur annähernd zu finanzieren. Zuschüsse kommen von der Bundesrepublik, vom Saarland und von

der Europäischen Union, aber nur für begrenzte Zeit. Im Arbeitszimmer des Generaldirektors Dr. Meinrad Maria Grewenig hängt ein Bild der Neunkirchener Hüttenwerke des Unternehmers Karl Ferdinand Stumm, die noch ein gutes Stück traditionsälter waren als die Völklinger Hütte und wie diese vor einiger Zeit stillgelegt wurden. »Das hab ich mir als Memento mori hingehängt, die Stumm-Hüttenwerke sind total abgerissen worden. Da steht jetzt ein Einkaufszentrum«, kommentiert Grewenig mit einem Lächeln.

Man hat ihn, Kunsthistoriker und erfahrenen Museumsmann, nach Völklingen gerufen, als nach der Stilllegung schon viel Geld in den Sand gesetzt war. Damit in Völklingen nicht trotz Denkmalschutz und Weltkulturerbe-Status eines Tages dasselbe geschieht wie im kaum eine Autostunde entfernten Neunkirchen, ist Grewenig dabei, den Industrieort Völklinger Hütte in einen Kulturort zu verwandeln – und bringt dabei den Industrieort immer wieder neu ins Spiel als Bühne, Kontrastbild und Schauplatz.

Das Verwandlungsspiel funktioniert auch mit technischen Attraktionen, seit 2004 zum Beispiel mit dem »Ferrodrom«, das im Weltkulturerbe Völklinger Hütte als erstes »Science Center« im sogenannten Saar-Lor-Lux-Raum eingerichtet wurde, also in der Region Saarland-Lothringen-Luxemburg. In »Erlebnistunneln« sind die vier Elemente Feuer, Wasser, Erde, Luft – die bei der Erzeugung von Eisen unentbehrlich sind – unmittelbar zu erfahren. Man spürt die Wärme, den

Wind. Man sieht das Eisen, das vom Himmel fällt – Meteoriten – und einen Dolch mit Eisenklinge aus dem Grab des Tutanchamun. Andere Funde, keltische, römische, mittelalterliche, zeigen den Weg und die Rolle des Eisens in früheren Zivilisationen. Tondokumente von Hüttenarbeitern berichten vom Leben mit dem Eisen.

Oder das historisch-soziale Schauspiel: quadratmetergroße Fotos von der Elite der internationalen Fotografie aus den Archiven der Associated Press Agentur zeigen Schlüsselmomente und Persönlichkeiten aus der Weltgeschichte der letzten 50 Jahre – und wirken in den Hallen und Kammern der Völklinger Hütte mit unvergleichlicher Kraft. Manches Bild prägt sich unvergesslich ein.

Am stärksten spielte die große Schau »Macht & Pracht – Europas Glanz im 19. Jahrhundert« den Industriestandort als Standortvorteil ein. Erlesenes, höchstrangiges Kunsthandwerk aus Gold,

Juwelen, kostbarer Emailarbeit glänzte in Panzerglas-Vitrinen zwischen den düsteren Maschinengiganten der Gebläsehalle. Die Lust an der handwerklichen Kunstfertigkeit, an der puren Schönheit der goldschimmernden Einhorn-Schale der Rothschilds, an Bergkristallpokalen und Elfenbeintafeln ist größer als in jeder »normalen« Ausstellungsszene. Und stärker ist auch der Impuls, über die Moral von Luxusbesitz und Arbeitslohn nachzudenken.

Diese Beispiele intensiver Kontraste und überraschender Konfrontationen, von Fantasie und Ideenfindung deuten an, wie sich das Weltkulturerbe Völklinger Hütte als Europäisches Zentrum für Kunst und Industriekultur versteht. Die Stichworte für die nächsten Aktivitäten heißen unter anderen: Ideenlaboratorium, Sternstunden der Menschheit, Mission entdecken, erforschen, erfinden. Die Ziele sind hochgesteckt: die Völklinger Hütte will »einer der spannendsten Orte der Welt« sein.

25 | Speyers Dom und seine Kaiser-Krypta

Romanik – zum Himmel strebend

Man darf den Bürgern Speyers dankbar sein: Ihrem Kaiserdom auf dem Hochufer über dem Rhein haben sie die erhabene Lage und den Abstand zu den umgebenden Bauten bewahrt. Die waren vor 1000 Jahren deutlich niedriger als heute: Wie werden damals die Menschen über Türme und Langhaus gestaunt haben! Es war die Zeit der ersten großen Dome in Deutschland. Der Dom zu Speyer ist der älteste der drei rheinischen Kaiserdome und Bestattungsort von vier Kaisern, drei Kaiserinnen und mehreren Königen.

Oben, unten und rechte Seite: Seit dem 11. Jahrhundert beten Menschen in dem Kaiserdom. In der Krypta wurden die sterblichen Reste von vier Kaisern und drei Kaiserinnen, auch von Königen und Bischöfen beigesetzt. In nur 30 Jahren erbaut, wurde der romanische Dom später erweitert und unter Heinrich IV. mit einem gewölbten Dach ausgestattet.

Am 16. August 1900 herrschte gespannte Erwartung: Die kaiserlichen Gräber im Dom sollen geöffnet werden. Niemand wusste mehr, wo genau sie sich befanden, im Bereich des Königschors am Ende des Mittelschiffs, unter einer mit Marmorplatten abgedeckten Erdschicht. Ein Teil der Marmortafeln und der Gräber war von französischen Truppen General Melacs 1689 im Pfalzkrieg zerstört worden. 1899 hatte ein Münchner Gymnasialprofessor den elenden Zustand der Gruft beklagt und die Gräberöffnung vorgeschlagen. Tatsächlich fand man dann unter 18 Steinplatten bei den Knochenresten die Grabkronen von Konrad II., seiner Gattin Gisela, Heinrich III. und Heinrich IV. Alle Kronen sind schlicht aus Kupferblech gefertigt. »Ein Bauwerk ist wie ein Baum«, sagt der Dombaumeister Klimt,

»jeder Jahresring bleibt erhalten.« Und schränkt den Satz gleich ein, berichtet von der Re-Romanisierung des Doms 1957–61, als die Vielzahl der Bildwerke aus dem 19. Jahrhundert abgenommen wurde. Es war König Ludwig I. von Bayern (die Rheinpfalz gehörte zu Bayern), der damals für eine bildnerische und dekorative Ausgestaltung im feierlichen Nazarener-Stil sorgte. Keine Wand, kein Bogen, kein Kapitell blieb unbemalt, »der romanische Charakter des Innenraumes … ging vollständig verloren«. Nach der Entfernung der Ausmalung bis auf einen Bilderzyklus im Mittelschiff standen dann Langhaus, Seitenschiffe und Chor so rein und klar in ihrer architektonischen Struktur vor Augen, dass die Speyerer ihren Dom kaum wiedererkannten. Der Weg bis zu dieser Baugestalt war lang. Königlicher Bauherr war

Oben: Klarheit der Form, Schönheit der Bögen und Pfeiler, der glücklich gefundenen Proportionen. Unten: Der »Domnapf« vor dem Hauptportal wurde zu hohen Festen mit Wein fürs Volk gefüllt, diente aber auch als Grenzmarke zwischen der Herrschaft des Bischofs und der des Rats der Freien Reichsstadt. Rechte Seite: Rheinschiff und Domtürme.

Konrad II. (er regierte 1024–39); er war nach dem Aussterben der Ottonen-Dynastie der erste Herrscher aus der fränkischen, mit den Ottonen verwandten Familie der Salier. Konrad II. legte den Grundstein wohl kurz nach seinem Zug nach Rom 1026/27 und der dort vollzogenen Kaiserkrönung. Der Kaiser wollte den größten Dom im christlichen Abendland errichten, ein Symbol nicht allein der Frömmigkeit, sondern auch seiner kaiserlichen Macht, die sich auch auf die Reichskirche und ihre Bischöfe erstreckte. Doch weder Konrad II. noch sein früh verstorbener Sohn Heinrich III. brachten den Bau zur Vollendung. Als der Dom 1061 geweiht werden konnte, waren sie beide und auch Konrads Gattin Gisela bereits vor dem Hochaltar bestattet. Nur zwei Jahrzehnte später kam es zu jenem Umbau, der dem Speyerer Kaiserdom im Wesentlichen die heutige Gestalt gab.

Schwieriges Schicksal: Heinrich IV.

Es waren schwierige Jahre für den Nachfolger Heinrich IV. (geboren 1050, als Kind 1053 zum König gewählt, Kaiser von 1084–1106). Das noch junge deutsche Kaisertum steckte in der Krise, kriegerische Auseinandersetzungen im Heiligen Römischen Reich Deutscher Nation und in den Nachbarstaaten prägten diese Zeit. Heinrich IV. hatte das Unglück, schon als Sechsjähriger seinen Vater zu verlieren und als Zwölfjähriger vom Kölner Bischof Anno entführt zu werden. 1073 musste der 23-Jährige bei Nacht und Nebel vor den Sachsen aus der Harzburg bei Goslar fliehen. Im selben Jahr wurde Gregor VII. Papst und beanspruchte die Vorherrschaft über Könige und Kaiser, samt dem Recht, Bischöfe einzusetzen. Loyalitäten von Fürsten und Bischöfen standen auf der Probe. Heinrich beugte sich nicht, setzte in Oberitalien Bischöfe ein, bestritt Gregors Papstwürde und wurde von diesem gebannt und für abgesetzt erklärt.

Der Gang nach Canossa

Eine berühmt-berüchtigte Schlüsselszene deutscher Geschichte folgte, »der Gang nach Canossa«. Heinrich IV. musste sich den gegen ihn auftretenden deutschen Fürsten zum Gehorsam dem Papst gegenüber verpflichten und die Lösung vom Bann erreichen – bis zum Februar 1077. Der stand nah bevor. Mit seiner Frau und dem dreijährigen Sohn machte sich der König Heinrich IV. auf den Weg über die Alpen nach Canossa, südlich von Mantua in Oberitalien, um Gregor VII. zu treffen. Glaubt man dem Biografen Lambert von Hersfeld und seiner Beschreibung der Alpenüberquerung mit ihren extremen Momenten in Schnee und Eis, so war »der Winter grauenvoll … sie krochen auf Händen und Füßen vorwärts. Die Königin und ihr Gefolge wurden auf Rinderhäute gesetzt.«

Vor der Burg von Canossa wartete der Büßer, es kam zur Begegnung mit Gregor VII. Schließlich hob der Papst den Bann auf. Sieben Jahre später, 1084, wurde Heinrich IV. von Gregors Nachfolger noch zum Kaiser gekrönt – doch mit weit geringerem Machtzuwachs als seine Vorgänger.

Der größte Bau des Abendlands

An all dies mag sich erinnern, wer in den Dom zu Speyer eintritt, unter die 33 Meter hohe Decke des Langhauses. Als Heinrich IV. um 1090 den von seinem Vater und Großvater errichteten Dom zu großem Teil wieder abreißen ließ, diente das wohl auch dem Ersatz statisch zu schwach geratener Bauteile. Eine außen halbrund gestaltete Apsis wurde neu errichtet. Unter dem Dach wurde eine Zwerggalerie mit kleinen Säulen und Bögen eingefügt, erstmals in dieser hochromanischen Gestalt. Auch eine neue zweistöckige Kapelle wurde an der Südseite des Doms hinzugefügt. Die wichtigste, architektonisch kühne Änderung: Heinrich IV. ließ die flache Decke des Mittelschiffs durch Kreuzgratgewölbe ersetzen, die 14 Meter überspannten. Seine Baumeister setzten zur Verstärkung der Pfeiler vor jeden zwei-

ten eine Mauervorlage, um so den Gewölbeschub aufzufangen. Im Jahr 1106 war der Umbau abgeschlossen, im selben Jahr starb Heinrich IV. Er hinterließ den damals größten Bau des Abendlands.

In der Tiefe unter dem Altar findet man die Krypta aus frühromanischer Zeit, eine der größten in den Kirchen des Christentums, geteilt in eine Chorkrypta und je eine südliche und nördliche Querhauskrypta mit einer Vielzahl von Säulen und Pfeilern. Die Krypta wurde wohl bereits im Jahr 1041 geweiht und bis zur Vollendung des Dombaus für Gottesdienste genutzt. Von der Krypta aus steigt man einige Stufen zu der Grablege hinauf, die 1902 in ihrer heutigen Form unter einer niedrigen Decke für sieben Kaiser und Kaiserinnen, vier Könige und mehrere Bischöfe erbaut wurde.

MIT EIGENER BRAUEREI UND MEHR

Erst seit 1990 kann man wieder im »Domhof« einkehren, in einer grünen Idylle um einen Innenhof wenige Schritte vom Kaiserdom entfernt. Damals von Grund auf renoviert, lässt es das Hotel an nichts fehlen, vom Internet bis zur Bar. Im rustikalen Restaurant gegenüber wird das Bier der Hausbrauerei ausgeschenkt – sommers auch im Biergarten im Schatten alter Lindenbäume. Übrigens wohnt man hier an gleicher Stelle wie im Mittelalter Könige und Kaiser.

Domhof: Bauhof 3, 67346 Speyer, Tel. 0 62 32-1 32 90, Fax 0 62 32-13 29 90, E-Mail: rezeption@domhof.de, www.domhof.de.

AUSKUNFT

Tourist-Information: Maximilianstraße 13, 67346 Speyer, Tel. 0 62 32-14 23 92, Fax 0 62 32-14 23 32, E-Mail: touristinformation@stadt-speyer.de, www.speyer.de
Domführungen: Domkapitel Speyer, Edith-Stein-Platz 8, 67346 Speyer, Tel. 0 62 32-10 21 18, Fax 0 62 32-10 21 19

26 Würzburger Residenz und Balthasar Neumann

Das Glück großer Aufgaben

Dem Würzburger Fürstbischof Johann Philipp Franz von Schönborn – aus altem rheinischen, später in Franken ansässigem Geschlecht – genügte weder die alte Festung Marienberg auf der Höhe über dem Main noch das kleine Greiffenklau-Schlösschen am Rennweg als Residenz. Als Baumeister wählte der Fürstbischof den noch jungen Balthasar Neumann (1687–1753), der damals als Architekt noch unerprobt, doch bald schon unentbehrlich war.

Auf einem Kanonenrohr hat er es sich bequem gemacht. Seit mehr als 250 Jahren blickt er von dort auf eines seiner Meisterwerke herab: das Treppenhaus der Würzburger Residenz. Auf dessen grandiosem Deckengemälde hat ihn der venezianische Maler Giovanni Battista Tiepolo mit weiß gepuderter Perücke im violetten Staatsfrack porträtiert: Balthasar Neumann.

Er war ein Hoch- und Vielbegabter, gebürtig aus dem böhmischen Eger, zum Glocken- und Geschützgießer ausgebildet. Er war auch schon in der europäischen Welt herumgekommen, hatte dem Prinzen Eugen als Ingenieur bei der Belagerung Belgrads gegen das osmanische Heer gedient. In Wien hatte er die richtungsweisenden Barockbauten von Johann Bernhard Fischer von Erlach und Johann Lukas von Hildebrandt kennengelernt. In Würzburg wurde Balthasar

Neumann das Glück großer Aufgaben zuteil. Hier wuchs er zum großen Städte-, Stifts- und Residenzen-Erbauer. In seinen letzten Lebensjahren war er der begehrteste Baumeister im Reich.

Unübertroffen: Die Würzburger Residenz

Aber noch jung war er, gerade 33-jährig, als der Grundstein der Würzburger Residenz gelegt wurde. Das war am 22. Mai 1720, und Fürstbischof Johann Philipp Franz von Schönborn nahm die Zeremonie persönlich vor. Wie fast alle seine Verwandten – er hatte vier Brüder und drei Vettern, und sein Onkel Friedrich Carl von Schönborn war Kurfürst-Erzbischof von Mainz, Erzkanzler des Reiches – machte Johann Philipp Franz von Schönborn barocke Baugeschichte, war ein Bauherr von Rang, ein sachkun-

Barock und Rokoko blühen um die Residenz. Oben: eine leicht bekleidete Getreide-Ernterin im Hofgarten. Unten: Im unteren Teil des hochberühmten Treppenhauses von Balthasar Neumann fuhren die Kutschen ihre Herrschaften bis zur untersten Stufe heran. Rechte Seite: Gartenfassade der Residenz und einer der exquisiten Gobelins im Kaisersaal.

Folgende Seite: Festlich, großzügig, brillant erbaut – alles gilt für Balthasar viel gefeiertes Treppenhaus der Würzburger Residenz. Jüngst wurde es samt dem riesengroßen Tiepolo-Fresko renoviert.

Höhepunkte der Barockkunst: oben das Spiegelzimmer, das nach dem Bombenangriff erneuert werden musste, in der Mitte eine bukolische Szene aus dem Deckengemälde des Gartensaals, unten ein Detail aus der überströmenden Formenvielfalt des Kaisersaals. Rechte Seite: Nach Barockart zu Kegeln beschnittene Bäume im Hofgarten.

diger Mitplaner, kein geltungssüchtiger Geldverschwender. Baugeld war ihm gleich nach Amtsantritt aus einem Unterschlagungsprozess gegen den Kammerdirektor seines Vorgängers zugeflossen. Die vergleichsweise riesige Summe von 600 000 Gulden reichte aber bei weitem nicht aus.

Balthasar Neumann, im Range eines fürstlichen Ingenieurhauptmanns, durfte planen und bauen. An anderen Schlössern – beispielsweise der Münchner Residenz – wurde Jahrhunderte gearbeitet. Der Rohbau der Würzburger Residenz entstand in gut zwei Jahrzehnten.

Neumann reiste nach Mainz zum Onkel des Fürstbischofs und beriet sich mit ihm. Er reiste nach Paris und Versailles und legte dort seine Risse Robert de Cotte und Germain Boffrand vor. Auch Lukas von Hildebrandt (1668–1745) hatte Anteil an der Planung.

Über den Gesamtbau, eine hufeisenförmige Anlage mit zentralem Ehrenhof und jeweils zwei Binnenhöfen in den Seitenflügeln, schrieb Erich Bachmann unverhohlen begeistert: »Der Bau fasst … die Ergebnisse der großen abendländischen Architekturströmungen jener Zeit, der französischen Schlossarchitektur, des Wiener Kaiserbarock und des oberitalienischen Palast- und Sakralbaues zu einem Gesamtkunstwerk von erstaunlicher Universalität zusammen. Kein anderes Schloss, weder in Deutschland noch in den romanischen Ländern, übertrifft die Würzburger Residenz an abendländischer Weite und synthetischer Kraft.« Bis der Bau samt der gold-

prangenden Hofkirche im rechten Flügel, nach dem frühen Tod des Fürstbischofs so weit gediehen war, hatte Balthasar Neumann allerdings noch vier Nachfolger als Bauherren, Eingriffe ins Baukonzept, leere Kassen und die zeitweilige Entlassung zu verkraften.

Die Kunst der stützenlosen Decke

Triumphale Höhepunkte der Würzburger Raumkunst sind das Treppenhaus und der Kaisersaal. Das Treppenhaus war ursprünglich konventionell geplant, mit zwei Treppen beiderseits des Vestibüls und der Wageneinfahrt. Robert de Cotte schlug den Verzicht auf die Doppelanlage und die Vergrößerung der verbleibenden Treppe vor. Balthasar Neumann gab ihr mit der damals kühnen stützenlosen Überwölbung die außerordentliche Weiträumigkeit.

Sein Sohn hat später erzählt, Lukas von Hildebrandt habe erklärt, er wolle sich unter dem Gewölbe »auf eigene Kosten hängen lassen«, wenn es hielte. Der Festungstechniker Balthasar Neumann aber habe dagegen gehalten, man könne auch Kanonen darunter abfeuern, es werde standhalten. 1945 wurde seine Aussage in der Bombennacht des 16. März nachträglich bestätigt: Die freitragende Steindecke hielt der Hitze, den Erschütterungen und dem auf sie gestürzten Bauschutt stand. Auch das Deckengemälde des Giovanni Battista Tiepolo blieb darum erhalten. Es gilt als eines der größten je gemalten einteiligen Fresken und huldigt dem Fürstbischof, der unter dem Sonnenwagen

Apolls und umgeben von den Figurationen der vier Erdteile als der große Förderer von Künsten und Wissenschaften erscheint. Mehr noch als das superlative Maß von 30 x 18 Metern ist es der Kontrast vom Säulenwalddämmer im Untergeschoss zu der Licht- und Farbenfülle der oberen Treppenhalle, der bei jedem Besuch wieder zum Erlebnis wird. Eine irdisch-himmlische Licht-Erfahrung, wie sie kaum je so in der Weltarchitektur erreicht worden ist. Südlich und nördlich schließen die Kaiserzimmer mit einer fast 170 Meter langen Raumflucht an. Nach den schweren Zerstörungen nur knapp zwei Monate vor Kriegsende konnten diese Räume und ihre Ausstattungen später wiederhergestellt werden, zuletzt wurde noch Ende der 1980er-Jahre das kostbare Spiegelkabinett rekonstruiert. Gerettete Einrichtungsteile und Wandverkleidungen, vor allem aber die detailgenau dokumentierenden Fotos von 1942 machten es möglich. Nicht vergessen sollte man auch den jungen US-Offizier namens John D. Skilton, der vom Mai bis Oktober 1945 dafür sorgte, dass Tiepolos Fresken nicht durch Nässe ruiniert wurden.

Fehlt der große Leuchter?

Seit 2001 werden diese Tiepolo-Werke über der Treppe und im Kaisersaal neuerlich restauriert. Beispiel für die dabei möglich gewordenen Feinbeobachtungen sind die Schriftzeichen auf dem Steinblock neben der Obelisk-Pyramide in der Asienszene des großen Deckenfreskos. Ohne im Einzelnen über Putzritzungen und Schriften zu berichten, soll hier wenigstens der gefundene Satz zitiert werden: »Strahlen aus der Mitte erhellen Himmel und Erde zum Ruhme des Gottes«. Matthias Staschull, der sich um die Deutung bemüht hat, will den Satz nicht als Kommentar zum Fresko – Apoll im Strahlenkranz – verstehen, das sei »zu simpel«.

Vermutlich hätten Tiepolo und Balthasar Neumann vielmehr auf den zu ihrer Zeit noch fehlenden vielarmigen Kronleuchter in der Gewölbemitte verwiesen, der dann erst um 1775 angebracht, nach der Zerstörung 1945 aber nicht erneuert wurde. Die Schlussfolgerung: Auch der Leuchter solle nun rekonstruiert werden.

27 | Glücksfall Bamberg

Deutschlands größtes Altstadt-Ensemble

Die gesamte Bamberger Altstadt auf den sieben Hügeln über der Regnitz wurde 1994 in die UNESCO-Liste des Weltkulturerbes aufgenommen. Zuvor schon war sie 1981 zum Stadtdenkmal erklärt worden. Sehr zu Recht gehört die 1000-jährige Gründung Kaiser Heinrichs II. doch zu den ganz wenigen deutschen Städten vergleichbaren kulturellen Ranges und Reichtums, die nicht schwere Verluste im Bombenkrieg erlitten haben.

Wie schön sich Straßen und Gassen zwischen den Häusern zum Dom und zur Fürstbischofsresidenz entfalten! Wie weit der Ausblick von der Höhe ins fränkische Land! Welcher architektonische Reichtum der Kirchen! Vom Dom St. Peter und Georg, der Oberen Pfarre, St. Stephan und St. Gangolf bis hin zur Kloster- und Wallfahrtskirche der Benediktiner St. Michael auf dem Michaelsberg! Was für stattliche Bürgerhäuser und bischöfliche Bauten aus dem 17. und 18. Jahrhundert! Wie schmal dagegen das Haus, in dem der Kapellmeister E. T. A. Hoffmann eine Reihe von Jahren und eine unglückliche Liebe erlebte! Und rundum so viele Weinstuben, Bierkeller und Cafés, die in den Seitenstraßen von Oberfrankens größter Stadt einladen!

Die Studenten der 1979 wieder begründeten Universität sind nicht auf einen Campus außerhalb der Stadt geschickt worden, sondern nutzen zwischen Kapuzinerstraße und Grünem Markt dasselbe Areal, ja teils dieselben barocken Gebäude wie im 17. Jahrhundert die »Academia Ottoniana«. Das gab Anlass und Mittel, diese längst unter Denkmalschutz gesetzten Bauten zu sanieren und zu restaurieren.

Ein wenig gilt noch immer der Satz des Dichters Karl Immermann anno 1837: »Das ist eine Stadt, die steckt voller Raritäten, wie die Commode einer alten Großmama, die viel zusammenscharrte.« Zugleich hat Bamberg seinen Hafen am Main-Donau-Kanal, ist industriell produktiv, der Moderne aufgeschlossen und hat bedeutende museale Sammlungen vorzuweisen. Da sind zum Beispiel das Diözesanmuseum mit sakralen Goldschmiedepreziosen und kostbarsten mittelalterlichen Gewändern, das Naturkundemuseum mit dem original erhaltenen fürstbischöflichen Naturalienkabinett von 1791 und der Skulpturenweg Bamberg: Zeitgenössische Großskulptu-

Oben: Paddeln auf der Regnitz. Unten: Detail der Fassadenmalerei am Alten Rathaus von 1453, das so originell auf eine kleine Flussinsel der Regnitz platziert ist. Der Verkehr von Ufer zu Ufer geht seit jeher durch das Rathaus (rechte Seite).

140

Wohl nicht Deutschlands schönster Platz, doch sehr markant mit den vier schlanken Türmen des Domes, den Renaissancegiebeln der Alten Hofhaltung und der barocken Neuen Hofhaltung samt Ausblick über die Stadt.

Oben: Im Rosengarten der Residenz, einer der schönsten weit und breit. Mitte: Erleuchtete Scheiben alter Häuser über schmalen Straßen, Bamberger Altstadtromantik. Unten: Bauernmarkt auf dem Maximiliansplatz. Rechte Seite: Schöner Wohnen an der Regnitz – »Klein Venedig«. Oben: Im Bamberger St. Peter und Georg aus dem 13. Jahrhundert.

ren von Botero, Luginbühl und anderen kommen in Bamberg nicht ins Museum, sondern stehen frei im Stadtbild.

Rundgänge mit Heiligen und Sündern

Weit über Normalumfang hinaus ist das Bamberger Angebot an Stadtführungen, nämlich neben Grundkursen wie »Faszination Weltkulturerbe« bunt aufgefächert mit reizvollen Bamberg-Rundgängen: Heilige, Sünder, Kaiser und Bürger lernt man beim »Bamberger Geschichtenerzähler« kennen; ein Dämmerungsgang führt zu »Geistern, Sagen und Legenden«; ein Rundgang durch die Inselstadt macht bekannt mit der »Lebensader Regnitz«, die übrigens auch in einer venezianischen Gondel befahren werden kann. Für junge Besucher gibt es einen Streifzug »Bamberg für Kids«. Das sind nur wenige Beispiele, andere führen ins unterirdische Bamberg zu den Katakomben, die schon im 11. Jahrhundert entstanden, oder als »Bierschmecker-Führung« zu den Stätten der ähnlich traditionsalten Bamberger Braukunst. All dies vermitteln wahre Bamberg-Fans als Stadtführer, professionell und mit Herz.

Bambergs Mitte bleibt der Dom, gestiftet von Kaiser Heinrich II., jenem Ottonen, der auf seiner Pfalz in Bamberg zu residieren liebte und dessen unschätzbar kostbarer blauer Damast-Sternenmantel im Diözesan-Museum zu sehen ist. Den Bischöfen gab er mehr Rechte, machte sie nach dem Beispiel seines Vorfahren Kaiser Otto I. mehr und mehr zu Territo-

rialfürsten, um Unterstützer seiner Reichspolitik zu gewinnen. Mit der nach Schwierigkeiten 1007 vollzogenen Gründung des Bistums Bamberg führte Heinrich II. die Stadt zu Größe und Glanz. Seine Frau, Kunigunde von Lützelburg (Luxemburg), unterstützte ihn und wurde nach seinem Tod Regentin.

Kaiserliche Grabstätten

Das Kaiserpaar wurde heilig gesprochen, ihre Grabstätte im Dom wurde von zahllosen Pilgern aufgesucht. 1499, vier Jahrhunderte nach ihrer Zeit, wurde Tilman Riemenschneider beauftragt, ein repräsentatives Hochgrab zu schaffen. Die Arbeit daran zog sich über 14 Jahre hin. Das Hochgrab aus Solnhofener Marmor wurde an verschiedenen Stellen des Domes aufgestellt, zuletzt wurde es 1971 von der Mitte des Domes zwischen die neuen Aufgänge zum Ostchor versetzt und ist so gut von oben zu betrachten. Die beiden kaiserlichen Heiligen – Heinrich mit ernsten Zügen, Kunigunde schön, wie schlafend – liegen in prachtvoll gemeißelten Gewändern nebeneinander, ohne verbindende Beziehung von Geste oder Blick, doch in der spiegelbildlichen Komposition der beiden Gestalten – bis hin zu den Mantelsäumen – verbunden. An den Seitenwänden des Grabmals, das ja auch Pilgerziel ist, zeigen Relieftafeln Legenden-Szenen aus dem Leben des Kaiserpaars.

Ein dritter Heiliger, St. Stephan, der Apostel der Ungarn und ihr erster König, ist möglicherweise dargestellt in

der Skulptur des Bamberger Reiters, der so elegant von seinem Dompfeiler in eine ungewisse Ferne blickt. »Möglicherweise« muss man sagen, da es an Schriftzeugnissen fehlt. Doch mehrere Indizien machen das »möglich« zum »wahrscheinlich«, darunter auch Stephans Ehe mit Gisela, einer Schwester von Heinrich II. Der gekrönte Reiter wurde im frühen 13. Jahrhundert im Dom aufgestellt und stammt wohl aus einer Werkstatt, die von der Gotik der Kathedrale von Reims geschult war und für den Bamberger Dom noch andere kostbare Hauptwerke schuf, so die Statuen Marias und Elisabeths. Bambergs Kunstreichtum in Kirchen, Palästen und Museen ist wahrhaftig ein Welterbe – und nimmt noch immer weiter zu. 1995 zog die Porzellansammlung des Mäzens Peter Ludwig – wohl die größte private in Europa – in das Alte Rathaus ein. Das historische Rathaus auf der Regnitzinsel ist in doppelter Weise ein stimmig gewählter Platz. Denn zum einen hat Oberfranken seine große Tradition der Porzellankunst, zum anderen mutet der im Mittelalter errichtete, dann schmuck barockisierte Bau über dem Fluss selbst so fragil an wie eine Porzellanschöpfung. Kein Wunder, dass viele danach drängen, an Bamberg teilzuhaben. Zum Streitpunkt wurde eine ehemalige, handtuchschmale Mühleninsel in der Regnitz. Dem Projekt eines Hotelneubaus in moderner Baugestalt auf dem Inselchen in Blicknähe zum Alten Rathaus brandete alsbald der Widerstand der Bewahrer des überkommenen Stadtbilds entgegen. Probleme hat man auch mit der Restaurierung oder Erneuerung dreier Brücken. Weltkulturerbe-Status, das gilt für das schöne Bamberg wie für jede andere Welterbe-Stätte, ist keine Ewigkeitsgarantie, die Forderungen der Gegenwart müssen immer neu mit dem Erbe-Bestand ins Gleichgewicht gebracht werden.

HOTEL BRUDERMÜHLE

Mitten in der Altstadt, mit Blick auf das Alte Rathaus, liegt das »Hotel-Restaurant Brudermühle«. Besonders hervorzuheben ist die gute Küche mit Spezialitäten aus dem hauseigenen Wildgehege und die große Auswahl an fränkischen Weinen. **Hotel Brudermühle:** Inh. Georg Vogler, Schranne 1, 96049 Bamberg, Tel. 09 51-9 55 22–0, Fax 09 51-9 55 22 55, www.brudermuehle.de

AUSKUNFT

Tourismus & Kongress Service: Geyerswörther Straße 3, 96047 Bamberg, Tel. 09 51-29 76-200 bis -2 04, E-Mail: touristinfo@bamberg.info, www.bamberg.info
»Bamberg – UNESCO-Welterbe« ist der Titel eines »Vernissage«-Heftes mit interessanten Beiträgen und guter Fotografie (Vernissage-Verlag, Bergheimer Straße 104–106, 69115 Heidelberg, Tel. 0 62 21-6 53 06-23). Weitere Titel der Sonderreihe »UNESCO-Welterbe«: Quedlinburg, Mittleres Rheintal.

28 | Der Limes – erster Mauerbau auf deutschem Boden

Mitteleuropas größtes Bodendenkmal

Limes heißt Grenze und diese Grenze verlief durch Gebiete, die heute mitten in Deutschland liegen. Auf der südlichen und westlichen Seite war das römische Imperium, eine militärische Großmacht, jedoch mit einem bis zum Luxus verfeinerten Lebensstil, durch mediterrane und orientalische Einflüsse geprägt. Auf der anderen Seite bestand eine Bauernkultur, über die bis heute wenig bekannt ist: unruhig, vital und empfindlich gegen Abhängigkeiten. Eine Konfrontation der Kulturen!

Ein Oberbürgermeister im schwäbischen Aalen, Ulrich Pfeifle, hob den antiken Sperrwall neu ins Bewusstsein der Gegenwart. Einen »Verein Deutsche Limes-Straße« zu gründen, gemeinsam mit den Städten und Gemeinden längs des Limes, und diese »Deutsche Limes-Straße« touristenfreundlich auszuschildern – das waren die Ideen, mit denen Ulrich Pfeifle den eingesunkenen Erdwällen und moosüberwachsenen Mauerzügen sowie den Resten von Kastellen und Wachttürmen zu neuer Aufmerksamkeit verhalf.

Seither sieht man die vielen hundert vereinzelten, für sich allein nicht sehr ansehnlichen Relikte wieder im ursprünglichen Zusammenhang der großen römischen Grenzbefestigung »Limes«. Von Rheinbrohl nördlich von Koblenz bis nach Regensburg an der Donau sind es rund 550 Limes-Kilome-

ter. Von denen kannte man, wenn man nicht gerade nah am Limes zu Hause war, bis in jüngste Zeit meist nur die spektakulären Erinnerungsorte, voran die Saalburg bei Bad Homburg, wo schon 1853 ein römisches Kastell ausgegraben wurde. Kaiser Wilhelm II. sorgte für einen Wiederaufbau. Der geriet nicht authentisch, doch ein Museum und ein archäologischer Park präsentieren Ausgrabungen. Dort arbeitet auch das Saalburg-Forschungsinstitut und neuestens die Deutsche Limeskommission – die im Jahr 2003 gegründete Nachfolgerin der Reichslimeskommission aus dem 19. Jahrhundert.

Das fränkische Weißenburg im Altmühltal erregt 1979 mit dem Fund des »Römerschatzes« Aufsehen. Silberne Bronzestatuetten, Teile von Paraderüstungen und viele andere Kostbarkeiten waren darunter. Mit dem Castellum Biri-

Oben: Römisches Hausgerät im stattlichen Limesmuseum in Aalen. Unten: Die »Heidenburg«, Ruine eines Limes-Wachtturms bei Murrhardt, südlich von Schwäbisch Hall. Rechte Seite: Im Naturpark Schwäbisch-Fränkischer Wald bei Welzheim findet man das rekonstruierte Tor eines Römerkastells (oben). Unten: Ruheraum einer römischen Villa.

Oben: Römische Kriegermaske und – Mitte – römische Reiterbaracke im Limesmuseum Aalen, dort auch – Bild unten – die bald 2000 Jahre alten Löffel. Rechte Seite: Im Freigelände trifft man auf das hölzerne Riesenrad, es wurde als Zuginstrument für eine Steinschleuder benutzt – die Steine waren nicht die kleinsten.

ciana aus dem 1. Jh. n. Chr. zeigt die Römerstadt eine teils rekonstruierte Grenzbefestigung. Und auf das Thermenmuseum folgte auch noch das Römermuseum.

Im schwäbischen Aalen befindet sich das Limesmuseum Aalen auf dem Gelände des »größten Reiterkastells nördlich der Alpen«. Seit der Aufnahme des Limes in das UNESCO-Weltkulturerbe wurden ein Archäo-Park eröffnet und eine römische Reiterbaracke rekonstruiert. Die hervorragend gegliederte Museumsarchitektur erschließt multimedial Informationen – über römische Kultur und neuerdings immer mehr auch über das Leben am Limes.

Was man heute weiß – und was nicht

Zwar kennt man bis ins Detail Organisation und Ausrüstung der rund 35 000 Soldaten, die im Dienst des Imperium Romanum an der Grenze stationiert waren. Man weiß zum Beispiel auch, dass die meisten keine Römer waren, sondern Hilfstruppen aus den Alpen, aus Gallien oder vom Balkan. Umso weniger ist bisher über die germanischen Stämme bekannt, die auf der anderen Seite der Grenze in den weithin dichten Wäldern hausten.

Je genauer Archäologen ihre Aufmerksamkeit der Landschaft um den Limes zuwenden, desto mehr werden sie finden – wie meistens, wo sich viele Menschen über lange Zeit aufhielten. Seit Kaiser Domitian im Taunus und in der

Wetterau die ersten hölzernen Wachtürme und Palisadenzäune aufstellen ließ, haben am Limes Zehntausende Menschen gewohnt. Nicht nur die Soldaten, sondern – außerhalb der Kastelle in Lagerdörfern – auch ihre Familien (obwohl für Soldaten ein Heiratsverbot galt), Handwerker, fahrendes Volk, Prostituierte und Geschäftemacher. Mauern lösten die Palisaden ab: Sie mussten gebaut und wie die Gräben und Wälle unterhalten werden. Das ging so in der Provinz »Obergermanien« bis etwa 260 n. Chr, in der südlicheren römischen Provinz Rätien bis etwa 400 n. Chr., als das Weströmische Reich sich gegen die Hunnen und Goten nicht mehr behaupten konnte.

Zweifel, ob der Limes tatsächlich zur Abwehr eines Ansturms »barbarischer« Stämme bestimmt war, wurden schon im 19. Jahrhundert laut. Das »größte Bodendenkmal Mitteleuropas« diente wohl eher der Kontrolle und Aufklärung, auch der Unterbindung von Warenschmuggel und Zuwanderung. Durchfahrten erlaubten Wagenverkehr. War Gefahr im Verzug, konnten die in den Kastellen stationierten Reitertruppen dank der Nachrichtenübermittlung von Wachturm zu Wachturm schnell eingreifen.

Der Reiz einer verschwundenen Grenze

Oberirdisch blieben nur geringe Spuren von den rund 900 Wachtürmen und rund 120 Kastellen des Limes erhalten. Die Deutsche Limeskommission – auch

eine Gründung aus wilhelminischer Zeit – besitzt dennoch eine bis ins Detail exakte Kartendarstellung, Maßstab 1:10 000. Die Limes-Bundesländer – also Baden-Württemberg, Bayern, Hessen und Rheinland-Pfalz – haben dieses Werk sechs Jahre lang vor Ort erarbeitet. Moderne Methoden wie geoelektrische und geomagnetische Messungen helfen dabei. Bei der Geoelektrik wird der Erdboden unter Strom gesetzt und weil je nach Art des Untergrunds der elektrische Widerstand verschieden ist, kann der Experte auf dem Computerschirm zum Beispiel Mauerwerk in schwarzen Umrissen vor hellerem Grund erkennen.

Andere Karten sind seit der Aufnahme ins Weltkulturerbe für Limes-Reisende aufbereitet worden, zum Beispiel die Radwanderkarte »Deutscher Limes-Radweg«. Eine andere wurde im Maßstab 1:50 000 für den Limes in Baden-Württemberg erstellt und ist auch für Wanderer nutzbar. Alle Limes-Bundesländer werden nachziehen.

Alles muss seine Grenze haben, heißt es. Andere meinen im Gegenteil, immer mehr Grenzschranken müssten fallen. Wer käme gar auf die Behauptung, Grenzen seien schön? Doch zu einem Stück Weltkultur kann eine Grenze rechtens erklärt werden, zumal wenn sie vor so langer Zeit und mehr als zwei Jahrhunderte lang existiert hat. Der Reiz, der vergangenen Kulturkonfrontation nachzuspüren und ihre wieder aufgefundenen Reste zu befragen, zieht viele an.

Schon 1987 nahm die UNESCO-Welterbe-Kommission den Hadrianswall (118 Kilometer) in England in die Welterbe-Liste auf. Als sie sich nun auch für den Limes entschied, legte sie die beiden Grenzwälle zusammen: als »Grenzen des römischen Imperiums / Frontiers of the Roman Empire«. Es wird davon gesprochen, die römische Reichsgrenze könnte insgesamt bis zum Schwarzen Meer und weiter, auch in Asien und Nordafrika, unter Welterbe-Schutz gestellt werden.

29 Kloster Maulbronn in Württemberg

Der Wohlstand der Zisterzienser

Maulbronn liegt an der Weinstraße Kraichgau-Stromberg, nordwest-lich von Stuttgart. 1147 gründete hier der Orden der Zisterzienser ein Kloster, nach seinen Grundsätzen in einer abgeschiedenen Gegend, wo ungestört Gebet und Arbeit gelebt wurden. Keine mittelalterliche Klosteranlage nördlich der Alpen ist so vollständig erhalten. Als das Kloster während der Reformation geschlossen wurde, wurde es eine berühmte Internatsschule, die viele herausragende Persönlichkeiten ausbildete.

Oben: Im Kreuzgang des Klosters sieht man kunstvolle Gewölbekonsolen.
Unten: Die Kirche der Zisterzienser im Maulbronner Klosterbereich, eine romanische Pfeilerbasilika aus dem 13. Jahrhundert. Rechte Seite: Der Kreuzgang mit dem viel bewunderten Brunnenhaus. Oben: Der Dreischalen-Brunnen, der zum Wahrzeichen Maulbronns geworden ist.

D as Rechteck des Klosterbereichs, der weite Klosterhof mit ziegelgedeckten Fachwerkhäusern, die Kirche aus hellem Sandstein mit den ehemaligen Klausurgebäuden – alles umgeben von der alten Klostermauer – wirkt unangetastet. Wenn man sich das Ackerland auf dem Gelände des süd- und ostwärts anschließenden Städtchens und den Wald, näher beim Kloster und noch viel wilder als heute, vorstellt, dann hat man die mittelalterliche Stätte vor Augen. Sie war ein Zentrum frommen Glaubens wie harter Arbeit, die von den Zisterziensern als Gebet verstanden wurde. Dass sich an den Klostergebäuden äußerlich wenig verändert hat, unterscheidet Maulbronn von anderen ehemaligen deutschen Wirkungsstätten des aus Burgund stammenden Ordens. Sogar die aufgestauten Seen, die wohl als Fischteiche von den Mönchen angelegt wurden, sind noch vorhanden.

Der Rundgang führt zuerst in die Kirche. Nach bescheidener Zisterzienserart hat sie keinen Turm, sondern einen Dachreiter, hier über der Vierung. Innen beeindruckt eine dreischiffige, romanische Pfeilerbasilika mit ihrer kraftvollen Strenge (geweiht 1178), gemildert und ins Lichte, Feierliche erhoben durch die hohe gotische Netzgewölbedecke (mit Deckenmalerei 1424) und das gotische Chorfenster. Der erhöhte Chor trägt ein geschnitztes Chorgestühl mit 92 Sitzen.

Sehenswert ist auch das »Paradies«, die Kirchenvorhalle, eine herrliche frühgotische Architektur aus dem 13. Jahrhundert. Die romanische Schwere ist hier aufgehoben, die mächtigen Pfeiler sind durch Säulenbündel ersetzt. Diese Vorhallen dienten im Mittelalter als Verkündigungsorte, zur Gerichtssprechung und als Gebetsort für Büßer, die nicht in die Kirche durften. »Paradiese« bewirkten

150

Asylschutz. So eine Vorhalle war also ein wichtiger Ort. Heute lässt sie erkennen, dass schon zu Beginn des 13. Jahrhunderts, weniger als hundert Jahre nach der Klostergründung, viele Leute hierher strömten.

Vom Kloster zum Internat

Zum frühgotischen Kreuzgang gehört die kostbare, immer wieder abgebildete gotische neuneckige Kapelle mit dem dreischaligen Brunnen. Im Deckengewölbe ist das Maultier der Quartier suchenden Mönche dargestellt, das laut Gründungslegende am Ort rastete und aus der Quelle trank, das Zeichen für die neue Klosterniederlassung.

Zu besichtigen sind auch das Laienrefektorium mit dem sechsteiligen Deckengewölbe, das Herrenrefektorium (Speisesaal der Mönche), das Parlatorium (einst Bibliothek, ursprünglich der Raum, wo die sonst zum Schweigen verpflichteten Mönche wichtige Gespräche führen konnten), und schließlich der Gewölbekeller, in dem das im 13./14. Jahrhundert zu Reichtum gekommene Kloster seine Weinvorräte lagerte.

Das Klostergut erbrachte so reiche landwirtschaftliche Erträge, dass daraus nach der Reformation eine Schule finanziert werden konnte. Sie besteht noch heute (Evangelisches Seminar, Gymnasium mit Internat) und ist berühmt, weil viele Größen der Literatur und Wissenschaft aus ihr hervorgegangen sind, unter ihnen Johannes Kepler, Friedrich Hölderlin, David Friedrich Strauß, Georg Herwegh und Hermann Hesse. Hesse war ein halbes Jahr Maulbronner Seminarist und schildert das Kloster in »Narziss und Goldmund« (1930).

WO DAS POSTHORN KLANG

Das Hotel »Klosterpost« ist rund 700 Jahre alt, war erst Gästehaus des Klosters, später Poststation von Thurn und Taxis und der Württembergischen Post. 1992/93 restauriert und modernisiert, bietet es heute gemütlichen Komfort samt Satelliten-TV und teils rollstuhlgerechten Zimmern.
Hotel Klosterpost: Frankfurter Str. 2–4, 75433 Maulbronn, Tel. 0 70 43-10 80, Fax 0 70 43-10 82 99, E-Mail: klosterpost@t-online.de, www.hotel-klosterpost.de., 42 Zimmer.

AUSKUNFT

Infozentrum: Klosterhof 5, 75433 Maulbronn, Tel. 0 70 43-92 66 10, Fax 0 70 43-92 66 11, E-Mail: info@kloster-maulbronn.de
Stadt Maulbronn: Klosterhof 31, 75433 Maulbronn, Tel. 0 70 43-1 03-0, Fax 0 70 43-1 03-45, E-Mail: stadtverwaltung@maulbronn.de, www.maulbronn.de

30 Juwel im Pfaffenwinkel: Die Wieskirche

Am Anfang ein Mirakel

Der Pfaffenwinkel ist voll von Kleinoden der Architektur, glänzt von grünen Wiesen und glücklichen Hoteliers, ist an Heiligenbildern ebenso reich wie an allerschönsten Ausblicken auf die Gipfelreihen der Alpen. In diesem oberbayerischen Rahmen entstand vor 250 Jahren die Wieskirche.

Oben und unten: In der Wieskirche ist die Kunst des Rokoko zu einer einmaligen Vollendung gereift. Das von den Wessobrunner Gebrüdern Dominikus und Johann Baptist Zimmermann geschaffene Werk zieht bis heute Tausende von Besucher in seinen Bann. Rechte Seite: Von außen erscheint die Wieskirche eher unscheinbar.

Was Wunder, dass es sich die geistlichen Herren hier wohl sein ließen. Damals, als Bayern noch Kurfürstentum war und nicht ein Königtum von Napoleons Gnaden, als die Klosteräbte selber noch kleine Könige waren und ohne Argwohn, dass ihren Klöstern die Säkularisierung bevorstehen könnte. Mit der Aufhebung der Klöster kam das Ende ihres wirtschaftlichen Wohlstands, die Vertreibung aus ihrem Besitz sowie die Beschlagnahme von goldenem Liturgiegerät und kostbaren Klosterbibliotheken. Das war 1803, ein tiefer Einschnitt in der Geschichte des deutschen Katholizismus. Daran ist zu erinnern, wenn man heute durch den Pfaffenwinkel reist: das oberbayerische Land etwa zwischen Kloster Andechs, dem Lech und Murnau. Im Osten Benediktbeuern, im Norden neben Andechs auch Wessobrunn, nicht weit von Weilheim das einstige Augustiner-Chorherrenstift Polling, inmitten des Pfaffenwinkels die barocke Herrlichkeit von Rottenbuch, im Süden Kloster Schlehdorf am Kochelsee

– das sind nur einige der verbliebenen Klosterkirchen-Perlen im Pfaffenwinkel. Die Kirche »Zum gegeißelten Heiland auf der Wies« gehört nicht zu ihnen, die Wieskirche, wie sie ländlich-liebevoll genannt wird, war immer und ist bis heute eine Wallfahrtskirche.

Die Tränen des hölzernen Christus

Reich an Goldglanz, geschmückt mit Fresken und Stuckaturen, erhebend mit ihrer lichten Raumgestalt, bietet sich diese Rokokokirche dar. So reich, so geschmückt und licht, dass kaum ein Besucher auf den ersten Blick die Christusfigur am Altar wahrnimmt. Und doch war diese eher rau und roh geschnitzte Figur an der Geißelsäule die Ursache dafür, dass die Wieskirche entstand. Um 1730 haben zwei Patres des nahen Prämonstratenserstifts Steingaden den Christus mit der Dornenkrone geschnitzt – keine geschulten Künstler, aber begabt mit Ausdruckskraft.

152

Ursprünglich wohl für eine Karfreitags-prozession bestimmt, wurde das schlich-te Schnitzwerk bald beiseite getan und im Speicher eines Steingadener Gast-wirts abgelegt. Doch eine Verwandte brachte es der Bäuerin »in der Wies«, so hieß ihr wenige Kilometer entfernter Hof. Dort soll das Außergewöhnliche, Wundersame dann geschehen sein, am 14. Juni 1738. Aus den hölzernen Christus-Augen rannen Tränen, versi-cherten Gläubige. Bald waren es nicht nur Hunderte, sondern Tausende, die vor dem weinenden Heiland beten und bitten wollten.

Der Steingadener Abt Hyazinth Gassner schätzte die spontane Wallfahrt richtig als zukunftsträchtig ein. Die besten Architekten der Region, Dominikus Zim-mermann (1685–1766) und sein Bruder Johann Baptist (1680–1758), Maler und Stuckateur, bekamen den Auftrag zum Bau der Wallfahrtskirche. Das war 1745. Die Baukosten sprengten den vorgege-benen Rahmen – das kostete Gassners Nachfolger Marianus II. seine Abtswür-de. Doch 1757 konnte das Werk vollen-det werden und fand bald enormen Zulauf: von Petersburg in Russland, von Gotenburg in Schweden, von Amster-dam in Holland, von Kopenhagen in Dänemark, von Norwegen, von Frank-reich und von Cadiz in Spanien, wie der Wallfahrtspriester der Wieskirche schrieb. Heute sind es über eine Million Pilger und andere Besucher im Jahr. Bleibt in der ja mitnichten monumentalen Kirche da noch Zeit zum Beten?

Der Pfarrer der Wieskirche hält nicht viel von Verboten. »Nicht zusperren, son-dern aufsperren«, sagt er und lässt nur dafür sorgen, dass leise gesprochen wird und beim Gottesdienst die Menge Abstand hält. Draußen auf einer Bank rasten und über die sanften Hügel der oberbayerischen Landschaft ins Wald- und Feldergrün schauen – auch das ist schön, fast wie ein Wunder.

AUF DEM KIRCHBERG VOR DEN ALPEN

Im Dorf Wildsteig nordwestlich der Wieskirche ist der »Gasthof Post« (Familie Hans Bertl) auf dem Kirchberg gelegen, mit Biergarten, angrenzendem Bauerngarten und prächtiger Aussicht. Mountainbikes für die Hausgäste, Badesee, im Umkreis Kajakfahrten, Bergtouren.
Gasthof Post: Kirchbergstraße 43, 82409 Wildsteig, Tel. 0 88 67-221, Fax 0 88 67-86 09, E-Mail: franz.bertl@t-online.de, www.gasthof-post-wildsteig.de

AUSKUNFT
Tourismusverband Pfaffenwinkel: Bauerngasse 5, 86956 Schongau, Postfach 1247, 86952 Schongau, Tel. 0 88 61-77 73, Fax 0 88 67-20 06 78, E-Mail: info@pfaffenwinkel.com, www.pfaffenwinkel.com
Katholisches Pfarramt Wies: Tel. 0 88 62-9 32 93-0, Fax 0 88 67-9 32 93-10

Oben: Das Münster in Mittelzell. Unten:
Der Chor des Münsters in Mittelzell.
Rechte Seite: Landwirtschaftlich und
fromm zeigt sich die Insel, bei Oberzell
mit einem Kohlfeld im Vordergrund und
dem breit gelagerten Bau der Kirche
St. Georg. Daneben: das Innere der Kirche St. Georg mit feierlich komponierten
Gemälden über den stämmigen Säulen.

31 Gotteshäuser im Gemüseland Reichenau

Die Insel der karolingischen Kirchen

Auf der Reichenau, der größten Insel des Bodensees, sind uns drei kostbare Kirchen als Zeugen benediktinischer Klosterkultur erhalten geblieben. Vor 1200 Jahren wurde die Reichenau mit ihren Mönchen zu einem Zentrum der künstlerischen und geistigen Entwicklung des Abendlands.

An anderen Orten werden vergoldete Schreine der Reliquien in Schatzkammern unter Glas verwahrt, hier auf der Reichenau tragen Gläubige den glänzenden Markus-Schrein am 25. April, dem Tag des Heiligen, über die Insel. Nur knapp viereinhalb Quadratkilometer misst sie. Ein ganzer Tag kann gerade lang genug sein, um die Insel ufernah zu umwandern und die drei erhaltenen Kirchen aus karolingischer und ottonischer Zeit zu besuchen. Ihre Türme ragen über Gemüsefelder, Naturschutzgebiete und heute auch wieder über Weingärten hinaus.

Traditionen leben lang auf der Reichenau. Dem Wanderbischof Pirmin, verstorben in der Gegend um Zweibrücken (heute Rheinland-Pfalz), setzte man im vorigen Jahrhundert ein monumentales Denkmal an der Allee des Inseldamms. Pirmin gründete 724 auf der Reichenau das erste Benediktinerkloster auf deutschem Boden rechts des Rheins. Die Reichenauer Äbte waren politische Ratge-

ber von Karl dem Großen und seiner Nachkommen, Diplomaten, Prinzenerzieher und Dichter. Das Reichenauer Kloster wurde berühmt wegen seiner Wandbilder in den Kirchen, seiner Bibliothek und seiner Schule der Buchmalerei. Walahfried Strabo, seit 838 Abt der Reichenau, verfasste die erste Schrift über den Gartenbau »De cultura hortorum«, bald kurz »Hortulus« genannt.

Die drei Kirchen der Benediktiner

Die drei viel besuchten romanischen Kirchen der Reichenau sind ergreifende Beispiele früher benediktinischer Architektur. Das Münster St. Maria und St. Markus in Mittelzell, eine Kreuzbasilika, ist die älteste Kirche. Die Vierung über dem Altarraum gehört zum ursprünglichen Bau, der im 9. und im 10. Jahrhundert erweitert wurde. Im 13. Jahrhundert wagte man nach einem Brand die mächtige Bogenkonstruktion des gotischen Dachstuhls. Der gotische

Choranbau entstand im 15. Jahrhundert, das reiche Schmiedeeisengitter der Chorschranken im 18. und die farbigen Fenster im 20. Jahrhundert.

Die Kirche Peter und Paul im Westen der Reichenau, in Niederzell, stiftete ein Veroneser Bischof im späten 8. Jahrhundert. Was wir heute sehen, ist rund 200–300 Jahre jünger. Zu Anfang des 20. Jahrhunderts wurde eine Wandmalerei in der Apsis aus dem 12. Jahrhundert freigelegt: der thronende Christus in der Mandorla als Weltenrichter.

St. Georg im Ortsteil Oberzell liegt unweit der Einmündung der Straße zum Damm, der die Insel erst seit 1839 mit dem Festland verbindet. Die Kirche ist fast tausend Jahre älter, sie wurde gebaut, als das Kloster im Jahre 896 mit dem Kopfreliquiar des Heiligen Georg beschenkt wurde. In der Säulenbasilika sind die Heilungs- und Segenstaten Christi als große Wandmalereien aus ottonischer Zeit zu bewundern.

Das Museum nicht versäumen! Es steht am Ergat, dem dreieckigen Dorfplatz in

Mittelzell in einem Haus mit Grundmauern aus dem 12. Jahrhundert. Man findet wunderbare Buchmalerei – freilich nur in Faksimile-Beispielen der kostbaren Originale. Die Buchkünstler der Reichenau schufen bewunderungswürdige Evangeliare, Bilder auf Purpur- oder Goldhintergrund von feierlicher Frömmigkeit und expressiver Kraft.

Heute stehen die Kirchen wie getürmte Inseln im Landschaftsbild der Reichenau. Ländliche Stille um die Weltkulturerbe-Stätten, Wanderungen zu Fuß und per Rad, ein schön gelegener Jachthafen, Campingplatz und großes Strandbad locken alljährlich viele Tausende von Besuchern an.

Bis in die ersten Jahrzehnte des 20. Jahrhunderts herrschte der Weinbau vor, heute sind die Winzer in der Minderzahl. Viele Gewächshäuser ermöglichen frühe Ernten. Doch es sollen nicht zu viele werden. Karl Wehrle, Vertreter des UNESCO-Welterbestätten Deutschland e.V. auf der Reichenau, versichert: Sie werden nie ein Gewächshaus in der Nähe der Kirchen sehen!

UMRAHMT VON PALMEN UND ROSEN

Ruhig am südlichen Seeufer mit Blick hinüber zur Schweiz – so angenehm ist das Hotel »Seeschau« gelegen. Die Familie Henny und Wolfgang Bachmann bieten ihren Gäste vielerlei Komfort: Zimmer mit Marmorbädern, zum Teil auch Whirlpool, WLAN, Fax im Zimmer, ISDN-Modem, ein abschließbarer Fahrradraum. Die Küche: leicht, regional und saisonal.
Seehotel Seeschau: An der Schiffslände 8, 78479 Insel Reichenau-Mittelzell, Tel. 0 75 34-257, Fax 0 75 34-72 64, E-Mail: seeschau@mdo.de, www.seeschau.com

AUSKUNFT

Tourist-Information Reichenau: Pirminstraße 145, 78479 Reichenau, Tel. 0 75 34-92 07-0, Fax 0 75 34-92 07 77, E-Mail: info@reichenau-tourismus.de, www.reichenau.de

In soviel Geruhsamkeit zeigt sich das Fachwerkhaus auf der Insel Reichenau, so eingewachsen in Baumgrün und seinen Garten, dass man sicher ist: auf der viel besuchten Insel mit seiner weit mehr als tausendjährigen Kloster- und Kirchentradition gibt es noch Stille.

32 Regensburg – die erste Hauptstadt

Dom und Altstadt vom Schönsten

Hauptstadt Bayerns und Herzogsresidenz der bayerischen Agilolfinger war Regensburg schon im 6. Jahrhundert. Im 8. Jahrhundert stiftete der heilige Bonifatius das Bistum Regensburg, im 11. und 12. Jahrhundert sammelten sich an der Donau-Lände dreimal die Kreuzfahrerheere. Vor allem wuchs die römische Gründung »Castra Regina« im Mittelalter als »Ratisbona« dank des Fernhandels zu einem der reichsten Handelszentren heran. Davon blieb bis heute das wohl eindruckvollste Mittelalter-Ambiente einer großen deutschen Altstadt erhalten.

Auch zum schönsten historischen Fluss- und Domblick aller deutschen Städte lädt Regensburg ein. Da spannen sich die 16 tonnengewölbten Bögen der Steinernen Brücke, die bis ins 19. Jahrhundert Regensburgs einziger Donauübergang waren, über den Strom und seine beiden Inseln. Darüber steht auf der Altstadtseite zwischen zwei mittelalterlichen Salzspeichern der vierkantige Torturm, gekrönt von einer barocken Laterne – und über den Dachschrägen der Altstadt strebt das prachtvoll reich gegliederte Turmpaar des gotischen Doms himmelwärts. Ob dieses Stadtbild am stärksten bei Tageslicht oder mit Kunstlicht angestrahlt zur Nacht wirkt? Am besten mit eigenen Augen sehen!

Die Steinerne Brücke, erbaut zwischen 1135 und 1146, gehört heute und schon seit Jahren per Bürgerentscheid fast ausschließlich den Fußgängern. Weil sie eine stolze Länge von 336 Meter hat, wurde sie lange als ein Weltwunder der Baukunst bestaunt und war auch noch Vorbild, als im 14. Jahrhundert die Prager Karlsbrücke erbaut wurde.

Der lange Weg zum Welterbe

Kein Wunder dagegen, dass Regensburg nach dem Status einer Welterbe-Stadt strebte. Im Zweiten Weltkrieg hatten Bombenangriffe Hunderte von Menschenleben gefordert, doch die Altstadt überdauerte größtenteils. Unter beträchtlichen Anstrengungen retteten die Regensburger das in den 1960er-Jahren zusehends baufällig gewordene Altstadtzentrum vor dem Verfall. Die staatliche Städtebauförderung half, schätzungsweise wurde eine halbe Milliarde Euro aufgewendet, auch wurde die ganze Altstadt unter den Schutz der

Oben: Die romanische Schottenkirche in Regensburgs Altstadt. Unten: Gepflegte Altstadtgassen, mit großer Auswahl an Läden, Cafés, Imbissstuben – Regensburger Lebensqualität. Rechte Seite: Domtürme und die Steinerne Brücke, ein beispielhaft schönes Stadtbild. Daran hängen die Bürger von Regensburg.

Die Türme des Doms St.Peter, an dem seit 1270 rund zweieinhalb Jahrhunderte gebaut worden ist, ohne dass der Bau vollendet wurde. Erst im 19. Jahrhundert sorgte Bayerns König Ludwig I. dafür, dass die Türme fertiggestellt werden konnten.

Oben und Mitte: Regensburger Augenblicke. Unten: Caféhauszeit vorm Theater am Bismarckplatz. Rechte Seite: Das Domportal im Westwerk, eine furiose Architektur mit fein gearbeiteten, dicht an dicht gesetzten Figuren. Oben: Das Goliathhaus mit überlebensgroßem Goliathbild.

Denkmalpfleger gestellt. In den 1980er-Jahren ersuchte der damalige Oberbürgermeister dann die zuständige bayerische Landesregierung, Regensburgs Aufnahme in die Weltkulturerbe-Liste der UNESCO in die Wege zu leiten. Vorerst reichte es nur zu einem Platz auf der »Tentativliste« der deutschen Bewerbungen, das heißt, Regensburg wurde versuchsweise aufgenommen. Der Versuch dauerte über die 1990er-Jahre an. In Regensburg blieb man am Ball, nicht zuletzt wegen des Kunsthistorikers und Denkmalpflegers Eugen Trapp. Zwei Jahre lang arbeitete Trapp an der Aktualisierung eines umfangreichen Werkes über die denkmalgeschützten Bauten der Altstadt. Insgesamt schwoll die Welterbe-Bewerbungsschrift auf rund 1500 Seiten an. Dann im Herbst 2005 setzten die Denkmalsreferenten der deutschen Kultusminister Regensburg vor Heidelberg auf den vordersten Platz, und im Sommer 2006, genau: am 13. Juli, fiel die Entscheidung der UNESCO für Regensburgs Altstadtensemble.

Welterbe, aber kein Museum

Regensburg ist heute die viertgrößte Stadt Bayerns mit über 150 000 Einwohnern auf rund 80 Quadratkilometern und hat seit Mitte der 1960er-Jahre die vierte Bayerische Landesuniversität. Rund 20 000 Studenten lernen an Uni und Fachhochschule, und die Wirtschaft ist mit Schwerpunkten in Informationstechnik, Verkehrssteuerung und Maschinenbau aktiv. Die Befürchtung mancher Bürger, Regensburgs Welterbe-Altstadt könnte zu einem großen Museum

erstarren, mutet überzogen an. Altstadtwohnungen sind begehrt, selbst aus München sind schon etliche Neubürger nach Regensburg umgesiedelt, weil sie das dynamische und lebensfrohe, doch nicht gerade hektische Klima der Stadt schätzen.

Eher wächst in einer Stadt wie Regensburg der Modernisierungs- und Neubaudruck auf die Altstadtquartiere und ihre Randzonen. Um den Bau einer neuen Brücke, den Bauplatz einer neuen Stadthalle wird heftig diskutiert und gestritten. Viele Ladenbesitzer verlangen Glasfronten, Kaufhaus- und Supermarktketten Baugrund, der Autoverkehr Parkplätze und Parkhäuser. Seit November 2006 arbeiten die beiden Welterbe-Städte Regensburg und Bamberg gemeinsam daran, »Verpflichtungen aus dem Titel und Anforderungen an eine lebendige Innenstadt unter einen Hut zu bringen«.

Die »città vecchia« Bayerns

Wer Regensburg kennt oder erstmals kennenlernt, hat seine Freude an den pittoresken turmreichen Altstadtvierteln mit den schmalen Gässchen. Schöne, idyllische Plätze öffnen sich zum Umschauen, Caféhaustische oder Bierbänke laden zum Verweilen ein. Zu guten Jahreszeiten sind die Regensburger Abende lang. Kenner nennen Regensburg auch die italienischste »città vecchia« Bayerns.

Es sind innerhalb der Altstadt drei Quartiere, die Regensburgs Aufstieg und Ent-

wicklung geprägt und damit auch den Welterbe-Rang vorbereitet haben: erstens der Dombezirk samt dem benachbarten Alten Kornmarkt mit dem Römerturm, auch Heidenturm genannt. Der war ursprünglich vermutlich der Bergfried des Agilolfinger-Herzogshofs. Der Karolingerkönig Ludwig der Deutsche baute hier eine Pfalz, und Kaiser Heinrich II. – der gleiche, der in Bamberg Dom und Pfalz erbauen ließ – hat sie um 1002 erneuert.

Zweites Quartier ist der Rathauskomplex mit dem Alten Rathaus der Freien Reichsstadt, eine ehemalige Patrizierburg aus dem 13. Jahrhundert, wo Kaiser gewählt wurden und im Reichssaal seit 1594 die Reichstage stattfanden. Von 1663–1806, also bis zum Ende des Heiligen Römischen Reiches Deutscher Nation, tagte hier der Immerwährende Reichstag.

Die Benediktinerabtei St. Emmeram mit der Kirche des Märtyrers, die im 8. Jahrhundert entstand und als dreischiffige Basilika später die bedeutendste vorromanische Kirche Süddeutschlands war, ist der dritte zentrale Ort der Stadt. Als Bayern 1806 zum Königreich erhoben und die Klöster säkularisiert worden waren, ließen die Fürsten von Thurn und Taxis Teile des Reichsstifts St. Emmeram zu ihrem Schloss umbauen – die Ablösung ihres Postmonopols und anderer Reichsprivilegien hatte die ehemaligen »Generalpostmeister« richtig reich gemacht. Einen Teil ihrer Schätze verkaufte die Fürstin 1992, um nach dem Tod ihres Gatten Fürst Johannes die Erbschaftssteuer von 65 Millionen Mark zahlen zu können. Das Land Bayern kaufte am meisten und stellt die Pretiosen seit 1998 im Schlossmuseum aus, es ist übrigens ein Zweigmuseum des Bayerischen Nationalmuseums.

IM LANDHAUSSTIL INMITTEN DER STADT

Bischöfe wohnten hier schon vor 1200 Jahren in ihrer Residenz, später waren es Kaiser und Könige während der Reichstage. Heute sind die 55 im komfortablen Landhausstil gehaltenen Zimmer deutlich gemütlicher, im wunderschönen Innenhof kann man die gute Küche genießen – und zugehörig ist auch das benachbarte Feinschmecker-Restaurant »David« samt Dachterrasse mit Domblick.
Hotel Bischofshof am Dom: Krauterermarkt 3, 93047 Regensburg, Tel. 09 41-58 46-0, Fax 09 41-58 46-1 46, E-Mail: info@hotewl-bischofshof.de,

AUSKUNFT
Tourist-Information: Altes Rathaus, Rathausplatz 4, Tel. 09 41-5 07-44 10, Fax 09 41-507-44 18
Regensburg Tourismus GmbH: Rathausplatz 3, 93047 Regensburg, Tel. 09 41-5 07-34 13, E-Mail: tourismus@regensburg.de, www.regensburg.de/tourismus

33 | Welterbe im Wartestand

Heidelberg hofft

Das entscheidende Aufnahme-Kriterium heißt »außergewöhnlicher universeller Ort«. Die Frage ist: Wie außergewöhnlich, wie universell schätzt das UNESCO-Welterbe-Komitee Heidelberg ein? Denn Heidelberg ist mit Altstadt und Schloss auf den ersten Platz der deutschen »Warteliste Welterbe« avanciert, aber andere Länder plädieren auch für ihre Wartelisten. Und die UNESCO-Kommission hat Gründe, den Status »Weltkulturerbe« nicht inflationär zu verleihen. Was tut Heidelberg, um 2007 »Welterbe-Stadt« zu werden?

Heidelberg ist nicht nur die Stadt mit Deutschlands attraktivster Schlossruine, am Neckar wurde 1386 auch die erste deutsche Universität gegründet (oben). Das Apothekenmuseum im Schloss ist Zeugnis langer medizinischer Tradition (unten). Rechte Seite: Hoch über der Alten Brücke mit dem zweitürmigen Brückentor thront das Schloss.

Der Platz fürs Gespräch mit Heidelbergs Erstem Bürgermeister kann kaum stimmiger sein. Professor Dr. von der Malsburg hat sein Amtszimmer im Palais Graimberg am Fuß des Schlossbergs in einem Haus aus dem 18. Jahrhundert, das schon Goethe gesehen hat und das im frühen 19. Jahrhundert von Graf Charles de Graimberg bewohnt wurde. Der war fasziniert von der Schlossruine, trug als Zeichner und Maler mit seinen Bildern viel dazu bei, die Stadt Heidelberg als Romantik-Symbol bekannt zu machen.

Der Bürgermeister hat seine Verbindungen zur UNESCO, er erzählt, dass die ersten Welterbe-Stätten sich nicht einmal zu bewerben brauchten, die UNESCO vielmehr beispielsweise Ägypten einlud, um die Cheopspyramide auf die Welterbe-Liste zu setzen. Die Ansprüche an die Welterbe-Kandidaten sind seither stark gestiegen: Die Box mit Heidelbergs Bewerbungsmaterialien, die uns von der Malsberg vorzeigt, hat das Volumen eines mehrbändigen Lexikons.

Die Materialien umfassen eine Dokumentation von über 800 Seiten, von der historischen Rolle des Schlosses und der Schlossruine bis zum Denkmalschutz und zur Stadtbildpflege, das Management des künftigen Welterbes eingeschlossen. Geliebt wird Heidelberg von Menschen aus aller Welt, zu Tausenden täglich zieht es sie zur Schlossruine, zum Riesenfass und zur Neckarbrücke.

»Die Welterbestätten werden überrannt«, weiß der Bürgermeister, erwartet aber keine Steigerung der Besucherzahlen für Heidelberg, wenn es denn Welterbe-Stadt wird. Heidelberg hatte jüngst über 600 000 Gästeübernachtungen und braucht nicht auf noch mehr Besucher

aus zu sein. Warum, bitte, bewirbt sich Heidelberg denn um den Welterbe-Status? Die Antwort ist knapp: »Ruhm und Ehre«. Womit denn dezent auf Heidelbergs »innere Werte« hingewiesen sein mag, so etwa auf die kostbaren Sammlungen des Kurpfälzischen Museums, denn dort ist als Neuerwerbung seit dem Jahr 2002 auch das kurfürstliche Tafelsilber ausgestellt, auf die Sammlung Prinzhorn, auf die hochinteressante Kunstausstellung im Schloss und auf das Antikenmuseum. Sammlungen, die nicht gerade scharenweise besucht werden. Oder auch insgesamt auf Heidelbergs Rang in der Geistes- und Kulturgeschichte, als Zentrum des Humanismus und der deutschen Romantik, als eine der ältesten Universitäten. Die Entscheidung des UNESCO-Gremiums soll in der Jahresmitte 2007 fallen. Entschieden wird dann in Neuseeland.

Register

Linke Seite: Idyllische Gasse in Heidelberg. Oben: Am Mittelrhein: Inbegriff der romantischen Rheinlandschaft. Mitte: Blick in die romanische Kirche St. Georg in Oberzell auf der Insel Reichenau. Unten: In der alten Hofhaltung in Bamberg finden im Sommer die Calderon Festspiele statt.

Oben: Die Zeche Zollverein hat sich zu einem Prestigeobjekt des Ruhrgebiets entwickelt. Mitte: So schön kann Geschichte sein: das römische Bad in der Villa Borg. Unten: Dem Himmel entgegen: der Dom St. Peter in Regensburg.

Impressum

Unser komplettes Programm:

www.bruckmann.de

Produktmanagement: Susanne Caesar
Textlektorat: Jasmin Rassadi-Seiffert
Layout: graphitecture book, Rosenheim
Repro: Repro Ludwig, Zell am See
Umschlaggestaltung: Anna Katavic unter Verwendung von Bildern von Ernst Wrba und der Bildagentur laif
Kartografie: Astrid Fischer-Leitl, München.
Herstellung: Bettina Schippel
Printed in Italy by Printer Trento

Alle Angaben dieses Werkes wurden von den Autoren sorgfältig recherchiert und auf den aktuellen Stand gebracht sowie vom Verlag geprüft. Für die Richtigkeit der Angaben kann jedoch keine Haftung übernommen werden.

Für Hinweise und Anregungen sind wir jederzeit dankbar. Bitte richten Sie diese an:

Bruckmann Verlag
Postfach 80 02 40
D–81602 München
E-Mail: lektorat@bruckmann.de

Bildnachweis:
Umschlagvorderseite: Oben von links nach rechts: Zeche Zollverein, Dom zu Aachen, Schiller und Goethe Denkmal in Weimar
Mitte: Der Kölner Dom
Unten: Sanssoucci
Umschlagrückseite:
von links nach rechts: Kloster Lorsch, Brühl, Am Mittelrhein
Seite 1: Zeche Zollverein
Seite2/3: Bad Muskau

Alle Abbildungen stammen von Ernst Wrba, mit Ausnahme von:
Bildagentur laif: Umschlagvorderseite unten
Michael Pasdzior: S. 22–33
Bildagentur Huber: S. 90–91

Die Deutsche Bibliothek –
CIP-Einheitsaufnahme
Ein Titelsatz für diese Publikation ist bei der Deutschen Bibliothek erhältlich.

© 2007 Bruckmann Verlag GmbH, München
Alle Rechte vorbehalten
ISBN 978-3-7654-4505-7